北京教育志丛书
（1991—2010）

北京成人教育志稿

北京市教育档案馆
（北京教育博物馆）编

U0953083

方志出版社
Publishing House of Local Records

图书在版编目（CIP）数据

北京成人教育志稿 / 北京市教育档案馆（北京教育博物馆）编.—北京 ： 方志出版社，2024.5

（北京教育志丛书. 1991—2010）

ISBN 978-7-5144-4277-9

Ⅰ. ①北… Ⅱ. ①北… Ⅲ. ①成人教育－概况－北京－1991-2010 Ⅳ. ①G729.2

中国国家版本馆 CIP 数据核字(2024)第 055189 号

责任编辑：齐笑
责任校对：张玉霞
责任印制：梅中英
出 版 者：方志出版社
地　　址：北京市朝阳区潘家园东里 9 号（国家方志馆 4 层）
邮　　编：100021
网　　址：http://www.zgfzcb.cn
发　　行：方志出版社图书营销中心（010-67110500）
印　　刷：北京中科印刷有限公司
开　　本：710 毫米×1000 毫米　1/16
印　　张：10.5
字　　数：186 千字
版　　次：2024 年 5 月第 1 版
印　　次：2024 年 5 月第 1 次印刷
定　　价：70.00 元

主 编

张 驰

序

1991年至2010年，适逢中国改革开放大潮，伴随社会经济快速发展及人民群众日益增长的文化和教育需求，北京教育进入了历史上最快的发展时期。

二十年里，北京教育在党和政府的领导下，以办好人民满意的首都教育为指针，锐意改革，加大投入，不断加强学校建设和师资队伍建设，深入开展素质教育，各级各类教育协调发展，继在全国率先普及九年义务教育后，又逐步普及高中阶段教育，并迈入了高等教育普及化阶段。提出教育现代化的目标，探索义务教育均衡发展，建设高水平的一流大学，创建学习型社会，努力为人民群众提供公平、优质的教育。

二十年中，北京教育的发展以改革创新为动力，先后进行了教育领导管理体制改革、办学管理体制改革、学校内部管理体制改革、招生及保障体制改革。同时积极开展教育评价创新、学业评价创新、教育督导工作创新。在教育教学中，尤其是课程改革、教材建设、教学方法等方面不断探索新路。同时，合作开放办学迈上新台阶，国际合作、省际合作和与港澳台合作不断加强，奥林匹克教育也取得了突出成绩。在教育信息化方面深入推进促进首都教育现代化建设。

二十年来，北京教育为首都建设和社会主义现代化建设做出巨大的贡献。各级各类教育培养了社会需要的人才；学习型城市建设提高了首都居民的文化素质，丰富了人们的精神需求；高校和教育科研机构在自然科学、哲学和社会科学、教育科学研究上硕果累累；在校企合作、校地合作、科研成果转化、志愿者服务、奥运和国家庆典等社会服务方面成绩显著；在支援边疆教育方面，北京与内蒙古、西藏、新疆、青海等省（市、自治区）携手并进。

当前，北京坚持“四个中心”的城市战略定位，北京教育面临着为建设国际一流的和谐宜居之都提供人力资源支撑的艰巨任务。

《北京教育志丛书（1991—2010）》是1995年出版的《北京教育志丛书》的续篇，系统记载1991年至2010年北京教育的历史与现状，传播首都教育工作者光辉的业绩，为广大教育工作者、为教育科学研究，提供珍贵的资料。我们希望《北京教育志丛书（1991—2010）》的出版，能够激发首都教育工作者的社会责任感，为北京教育谱写更加灿烂的篇章。

《北京教育志丛书（1991—2010）》编委会

凡 例

一、《北京成人教育志稿》以马克思列宁主义、毛泽东思想、邓小平理论、“三个代表”重要思想、科学发展观、习近平新时代中国特色社会主义思想为指导，坚持辩证唯物主义和历史唯物主义的立场、观点和方法，力图完整、全面、客观、准确记述北京行政区划内成人教育发展变化过程和基本脉络。

二、本志稿正文以述、记、图、表、录为基本体裁。记述上限为 1991 年 1 月 1 日，下限至 2010 年 12 月 31 日。为保证史实完整性，对个别事业的发端进行必要的追溯。

三、本志稿设成人中等学历教育、成人高等学历教育、成人非学历教育、教育管理、专记五章。相关文件收录在附录中。

四、本志稿机构名称首次出现使用全称，其后使用规范性简称。如：北京市人民政府文教办公室简称市政府文教办，北京市教育局简称市教育局，北京市高等教育局简称市高教局，北京市成人教育局简称市成教局，北京市教育委员会简称市教委，北京市人民政府教育督导室简称市教育督导室。学校一般使用全称。

五、本志稿资料来源为政府文件、市教委统计资料、市教委业务处室工作总结、重大专项工作总结、《北京教育年鉴》、教育系统修志资料、学术专著等。

六、本志稿数字用语、标点符号用语分别采用国家标准《出版物上数字用语》(GB/T 15835-2011)、《标点符号用语》(GB/T 15834-2011)，计量单位采用国家技术监督局 1993 年 12 月发布的《量和单位》系列国家标准。

目 录

第一章　成人中等学历教育

北京市成人中等学历教育始自 20 世纪 80 年代，包括成人高中教育、成人中等学历教育两部分。其中，成人中等专业教育是成人中等教育核心，包括广播电视中等专业学校、职工中等专业学校、干部中等专业学校、农民中等专业学校、函授中等专业学校和教师进修学校教育等。成人中等专业学校教育任务是根据按需施教、学用结合的原则，对从业人员进行成人中等专业教育，培养适应经济和社会发展需要的、德智体全面发展的应用型中级专门人才。随着北京市基本普及高中阶段教育，2001 年北京市成人高中停止招生，2003 年成人中学全部撤销。成人中专学校在改革中发展。1998 年，北京市开展成人中专办学体制改革，成人中专学校可以与其他各类中等学历教育的学校联合办学或合作办学，实行“2+X”或“3+X”（学年）办学形式。2006 年起，开展“职业资格证书”与“文化基础课”为核心课程的成人学历教育教学模式改革试点工作。学生参加职业资格考试，取得相应的职业资格证书，同时参加成人中等学历教育学习和考试，成绩合格取得中等职业学校成人学历教育证书。2000 年，北京市成人中专校实行学分制管理，学生实行登记注册入学，实行弹性学制。2010 年，北京市成人中等专业学校 11 所。共有 38 所中职学校与高职学校中专部以及 11 所成人中等专业学校招收成人中专学生，共计招生 11404 人。

第一节　成人高中教育

一、学校设置

北京市成人高中教育始于 1983 年的职工高中教育，并于 1988 年正式更名为成人高中教育，管理权也由北京市工农教育办公室下放至各区县教育行政部门。

1987 年，北京市开展成人职业高中教育，须经区、县人民政府、市主管局（总公司）批准，并在市成教局备案的职工学校或成人中、高等学校以及普通中、高等学校开办职业高中班。

1991 年，北京市颁布《北京市职工教育条例》，条例中明确，加强文化知识教育和开展中等学历教育是职工教育的主要任务之一。

1992 年，北京市对成人高中教育学校（班）进行检查，并进行调整。申请举办成人高中教育的学校（机构），须经区县教育行政部门批准，并报北京市教育行政部门备案。至 1997 年，北京市完成对成人高中校（班）的检查，并完成调整。

1997 年，北京市结合北京实际规定，成人高中（职高）教育实行区县成人教育行政部门对辖区范围内举办的成人高中（职高）的发展规划、教育教学、招生计划、发证等工作进行统筹管理。北京市规定申请举办成人高中（职高）学校，应先由办学单位聘请有关部门和高中以上学校有高级职称的专家共同论证。论证的重点：第一，根据本地区、本行业生产需要和人才规划以及教育事业现状，研究确定建校的必要性；第二，是否切实具备相应的办学条件。举办成人高中（职高）学校，由办学单位申请，附教学计划、教学大纲，报送论证报告，经区县成人教育行政部门审核同意后，报市教委批准。凡在市教委备案的成人中等专业学校，确需举办成人高中（职高）教学班的，经区县成人教育行政部门审核，报市教委批准。经批准的学校，如停办或变更，经区县成人教育行政部门审核，报市教委批准。成人高中（职高）学校，未经批准不得以任何形式办校外班。

1998 年，北京市进一步规范成人高中的行政管理，明确市教委负责全市成人高中的发展规划、办学资格审批、学籍备案、教育教学督导检查、教学质量监测、毕业证书的验印等管理工作。区县教育行政部门负责对辖区范围内举办的成人高中的发展规划、招生工作、在校生入学资格审批注册、教育教学、毕业生资格初审等进行统筹管理。开展教育教学研究，定期对学校进行教育教学检查、评估，并将评估结果汇总报市教委。

2001 年 3 月 5 日，北京市成人高中停止招生，2002 年最后一届成人中学学生毕业，2003 年成人高中全部撤销。

表 1-1　　1991 年至 1996 年北京成人高中教学班统计表　　单位：人

年份	教学班（个、点）	在校学生	专任教师人
1991	426	14814	2524
1992	437	14984	2557
1993	370	12313	2724
1994	267	9837	2186
1995	289	10494	2864
1996	367	12266	1913

说明：1991 年至 1996 年无成人高中校数统计

表 1-2　　1997 年至 2002 年北京成人高中基本情况统计表　　单位：人

年份	学校（所）	教学班（个、点）	招生	毕业生数	在校学生	专任教师
1997	35	219	4815	4909	8566	366
1998	40	100	3154	3507	6347	215
1999	25	131	3981	3650	5977	278
2000	28	185	2881	4439	9560	317
2001	25	—	904	3324	5139	156
2002	11	—	2429	2227	3100	70

说明：“—”无统计项

二、教学

至 1992 年，北京市成人高中（职高）教育的任务是使已经具有初中毕业文化程度的从业人员和社会青年，经系统学习，基本达到高中毕业水平。要求学员初步掌握马克思主义、毛泽东思想的基本知识，有理想、有道德、有文化、有纪律，热爱社会主义祖国，具有为现代化建设事业艰苦奋斗的精神；掌握高中必备的文化基础知识，为进一步学习技术、业务或接受岗位培训、高等教育打下文化基础。

成人高中（职高）可采取业余、半脱产、脱产等学习形式。课程安排可单科独进、双科或多科并进。业余学习年限一般为 3 年。

至 1993 年，北京市成人高中（职高）文化课程的教学大纲和教材沿用原教育部颁发的职工高中教学大纲和人民教育出版社或上海教育出版社出版的各科教材组织教学。1993 年秋季开始，使用由人民教育出版社出版的由国家教委组织编写的教学大纲组织教学。

1997 年，北京市成人高中（职高）教育的培养目标是使具有初中毕业水平的人员，经过系统的基础理论知识学习和适用技术培训，成为德、智、体全面发展的中级技术和管理及从业人员。同年，北京市成人高中（职高）调整为可采取业余、脱产等学习形式。学制业余学习不少于2.5年，脱产学习不少于2年。应届初中毕业生高中班学制为全脱产两年半以上。

至1997年，北京市执行国家教委规定，成人高中课程由文化课和专业课或职业技术课两部分组成。从业人员分文、理科设置课程。文科班文化课开设政治、语文、数学、历史、地理、自然科学基础；理科班文化课开设政治、语文、数学、物理、化学、史地知识基础。在学好上述6门课程的基础上，开设2门专业课，必修课程8门。社会青年参加成人高中学习，不分文理科，开设政治、语文、数学、物理、化学、历史、地理，在此基础上再设2~3门职业技术课程，必修课程不少于9门。必修课中的专业课、职业技术课实际开设课程，由学校根据办学条件或生产、工作需要确定，并报地、市教育行政部门备案。社会青年是否开设外语、生物等课程，由办学单位酌定。

1997年至2002年，北京市调整课程设置和课时安排，在原规定的基础上要求，合计必修课程不少于8门，必修课中职业技术课的开设，由学校根据办学条件或生产、工作需要确定具体课程，并经区成人教育行政部门审核批准。职业技术课中可以包括计算机或外语应用能力课程。对取得国家授权有关部门颁发的职业资格证书者，经办学单位确认后，可免学相应课程的职业技术课。

表1-3　　1997年成人高中班课程设置和课时安排一览表　　单位：课时

课程／班级	政治	语文	数学	物理	化学	历史	地理	自然科学基础	体育	史地知识基础	职业技术课	总学时数
成人高中文科班	140	300	320	—	—	130	100	180	—	—	300	1470
成人高中理科班	140	300	320	200	150	—	—	—	—	100	300	1510
应届初中毕业生高中班	140	300	320	200	150	130	100	—	200	—	300	1840

说明："—"无统计项

1998年，北京市调整成人高中（职高）教学管理，规定成人高中（职高）在开齐文、理各六门文化基础课程，保证课时的基础上，应安排一定的职业技术课程，其课程和时数由各区县自行设定。

三、招生和学籍管理

1991 年至 1997 年，成人高中（职高）执行 1985 年北京市颁布的学籍管理办法。

1991 年至 1997 年，北京成人高中（职高）主要招收具有初中毕业文化程度的从业人员，同时招收部分社会青年。

1997 年 5 月，市教委规范成人高中（职高）教育规范化管理，对成人高中（职高）毕业证书实行统一验印。凡经国家批准建立的成人高中(职高)，经教育行政主管部门批准入学备案的学生，学完教学计划规定的全部课程，成绩合格，准予毕业者，由学校颁发市教委监制并验印的成人高中(职高)毕业证书。对参加成人高中单科结业考试的学员，由区县成人教育行政部门指定学校统一组织，考试合格者，由指定学校颁发市教委统一印制的单科结业证书。各单科结业考试成绩均合格者，由指定学校换发市教委统一印制并验印的毕业证书。自 1997 年 7 月 1 日起，未经市教委验印的成人高中(职高)毕业证书一律无效。

至 1997 年，北京市成人高中（职高）课程结业考试按照教学大纲的要求进行，由北京市组织实施。采取自学或其他途径学习的成人，参加北京市统一组织的课程结业考试。7 月起，北京市规定面向社会成人高中（职高）教育实施单科结业考试制度，凡具有初中毕业文化水平及同等学力的社会青年都可参加由市教委命题，各区县教委或成人教育局统一组织的单科考试。考试时间与在校生同步。单科考试成绩合格者发给成人高中（职高）单科合格证书。各科成绩均合格者，发给成人高中（职高）毕业证书。成人高中（职高）学校脱产班课程结业考试要严格按照教学大纲的要求进行，保证教学质量。文化课的结业考试由区县教育行政部门统一安排，北京市统一命题，统一考试。自然科学基础、史地知识基础和部分职业技术教育课程的考试由区县教育行政部门组织安排。学员学完教学计划规定的全部课程，各科结业考试成绩及格者，发给成人高中（职高）毕业证书，国家承认其高中毕业学历。考试成绩载入档案。毕业证书由市教委统一印制、统一验印，学校颁发。1998 年，面向社会单科结业考试实行联考制度。由北京市统一组织命题、考试，每年两次。考试科目不变，仍为文理科各五门，但数学、语文不再分成（一）（二）两类考试。不组织补考。自然科学基础、史地知识基础和职业技术教育课程由区县教育行政部门组织命题，安排考试。在校生考试实行水平测试制度。考试科目为数学、语文、政治，由北京市统一组织命题、考试，每学期一次。不及格者由区县教育行政部门统一安排一次补考。其余文理各三科由学校按教学大纲要求组织命题、考试，不及格者由学校组织补考。市教委和区县教育行政部门对上述三门课程不定期抽考。

1997 年至 2001 年，北京市成人高中（职高）主要招收具有初中毕业文化程度的从业人员和待业青年，可招收应届初中毕业生。新生入学由学校组织入学测试，录取的新生名单须报区县成人教育行政主管部门。初中毕业证书由区县成人教育行政主管部门认定。

1998 年 11 月，市教委对成人高中（包括成人职业高中）学生入学和学籍，休学与转学，成绩考核，纪律、考勤、奖励与处分，毕业等学籍管理工作作出规定。新生入学复查符合规定者，报送本区县成人教育行政部门审批并报市教委成教处备案，取得学籍。学生转学，经区县成人教育行政部门批准，并于每学期末，统一报市教委成教处备案。学校作出勒令退学、开除学籍决定，报本区县成人教育行政部门批准，并报市教委备案。学生毕业时，报本区县成人教育行政部门审核后，发给成人高中(职高)毕业证书。毕业证书由市教委统一印制、验印，学校填写颁发。该规定执行直至 2003 年所有成人高中（职高）校撤销。

第二节　成人中等专业教育

一、学校设置

北京市成人中等专业教育是成人中等教育核心，1991 年，北京市成人中等专业学校包括广播电视中等专业学校、职工中等专业学校、干部中等专业学校、农民中等专业学校、函授中等专业学校和教师进修学校，共计 130 所。

1991 年，北京市改革市属成人中专内部管理体制，学校可自行确定实行校长负责制或党委领导下的校长负责制；实施教育目标责任制，在定编、定岗、定员、定责的基础上制定以评估教育质量、办学效益为主要内容的考核标准和方法；实行教职工聘任制；实行工资总额包干和校内结构工资制。同年，北京市制定《北京市乡镇成人学校基本标准》，分为校舍、设备，学校管理人员与教师、经费、工作任务要求五项内容，并对山区乡镇成人学校和平原乡镇成人学校作不同的规定。同时，北京市指出该标准起点较低，经济、教育较发达的乡镇不受标准束缚，应不断改善办学条件，提高成人学校办学条件。

1994 年，北京市制定市属独立设置成人中专学校达标要求。城区校舍建筑面积不少于 3000 平方米，郊区校不少于 4000 平方米（不包括实习工厂用房），其中教室面积生均 2 平方米。每校图书馆藏书不少于 2 万册，其中专业图书所占比例不低于 70%。开设理工农医类专业的应有专用实验室，财经类专业需配备专用财会模拟实验室。实验课自开率不低于 80%。必备专用计算机房一间。计算机不少于 40 台，机型为 386 以上（含 386）机型或网络。需有专用的 42 座语音教室一间。对于某些实践环节较强的专业，如园林、养殖、农林等，其实验场地不少于 30 亩。招收全日制脱产生的学校应有与住宿人数所需要的宿舍、食堂等生活设施和学生锻炼身体的场地与器材。各校必须有稳定的经费来源。各级政府和主管部门要逐步加大对学校的投入，保证正常经费逐年有所增加，并在财力可能情况下拨付一定数量的专款，用于教学设备的购置。

1996 年，市教委制定和下发《北京市示范性成人中等专业学校评选标准》及实施细则。该实施细则是根据国家教委有关规定，结合北京市成人中等专业学校现状制定的。年内，市教委对 7 所初审合格的成人中等专业学校进行评估，评估委员会最后确定西城区职工中等专业学校、丰台区职工中等专业学校、北京城建集团职工中等专业学校、中国工商银行北京市分行干部中等专业学校为首批北京市示范性成人中等专业学校。同年，市教委还对 109 所全日制中专班学校（部、站）进行教育教学检查，并表彰和奖励其中教育教学质量较好、办学水平较高的 27 所学校（部、站）。本市成人中等专业学校开设全日制中专班是市政府“普及高中阶段教育工程”的组成部分。

1997 年，北京市加强成人中专举办全日制中专班管理，要求学校具有固定校舍，招生规模应与学校校舍条件相适应，设立固定班主任负责学生日常管理、德育工作等。并规定联合办学仅限于具有一定办学条件并且有定向培养目标的企业和市教委指定的成人院校。禁止以承包或变相承包的形式招收全日制中专班学生。同年，市教委批准北京市大兴县成人中等专业学校、北京市第二人民警察学校、北京中华会计函授学校、北京市机械工业职工中等专业学校、北京市朝阳区职工中等专业学校、北京市石景山区职工中等专业学校为示范性成人中专校。对新批准的示范学校给予教学设备支持。在办学上，在推荐优秀生免试升入成人高校的比例上以及在招生入学政策上给予政策倾斜。

1998 年，市教委印发《关于印发进一步加强北京市成人高中（职高）管理意见的通知》。该通知重申国家教委《关于加强成人高中教育的意见》和市教委《北京市成人高中（职高）管理暂行规定》等有关文件精神。通知规定，市教委负责全市成人高中（职高）的发展规划、办学资格审批、学籍备案、教育教学督导检查、教学质量监测、毕业证书的验印等管理工作。区县教育行政部门负责对辖区范围内举办的成人高中（职高）的发展规划、招生工作、在校生入学资格审批注册、教育教学、毕业生资格初审等进行统筹管理。成人高中（职高）校负责本校的规划、招生、教育教学、考试、毕业等管理工作。

1998 年起，北京市开展学校管理体制调整。2000 年，北京市根据教育部要求制定《关于调整北京市中等职业教育结构布局的意见》，全面调整、撤并成人中等专业学校。根据规定，北京市对全市中等职业学校（包括中专、职业高中、成人中专、成人职业高中）总数进行控制，并要求 2000 年底以前，凡成人中专与普通中专两块牌子、一套班子的，要撤销成人中专的校级建制，可根据需要继续承担成人教育任务。对 1999 年和 2000 年连续两年未招生或在校生 300 人以下的成人中专以及普通高等学校、成人高等学校附设的中专部一律停办并撤销其建制。至 2001 年，北京市成人中等专业学校缩减至 17 所。期间，北京市未撤销的教师进修学校不再作为成人中等专业教育学校，转为成人教育的师资培训和教育教学研究单位。

1998 年，市教委印发《关于加强北京市成人中等专业学校与其他举办中等学历教育的学校的衔接与沟通的通知》。该通知明确规定在保证质量、条件允许情况下，成人中专学校可以与其他各类中等学历教育的学校联合办学或合作办学，实行 2+X 或 3+X（学年）办学形式，承认学生在其他中等学历教育学校学习的相同课程，补齐成人中专教学计划要求的课程及学时，达到成人中专毕业水平，颁发成人中专毕业证书。批准在 8 所成人中专学校进行试点，招生备案 394 人。市教委还下发《关于同意郊区县成人中等专业学校对农户初中毕业生采取登记入学的通知》，根据这项政策，有 17 所成人中专学校共登记农户初中毕业生 508 人入学。

1999 年，年内，市教委完善成人教育管理体制。要求各委、办、局在机构调整精简的同时，保证对企业职工教育领导；首钢集团、住总集团、城建集团、西单友谊集团、贵友大厦有限公司、市公交总公司、市地铁总公司等一些大型企业强化职工教育委员会功能，加强对职工教育的领导；各区县健全成人教育委员会（成人教育培训工程领导小组），发挥统筹协调、综合管理作用。成人教育逐步从政府行为转变为行业行为、部门行为、企业行为和个人行为。年内，北京市将农业广播学校划归农口管理，撤并原南郊农场职工中专学校，成立市乡镇企业职工中专学校，发挥为乡镇企业职工培训服务作用。

1999 年，北京市评出 5 所示范性成人中专学校。分别是东城职工中专、海淀职工中专、顺义职工中专、怀柔职工中专、北京广播电视中专。至此，完成建设 20 所成人中专示范校任务。示范校在校生人数占全市成人中专在校生数的 40% 左右，短期培训量占全市成人中专短期培训量 50% 以上。

2004 年，北京市对成人中等学校专业设置提出普通中专学校、职业高中可以在已开设的专业举办成人中专班，独立设置的成人中专学校和普通中专学校、职业高中开设新专业需按照有关规定报市教委职成处备案。至 2009 年，北京市有北京铁路电气化学校、北京市商业学校、北京电子科技职业学院中专部等 47 所中职学校和高职学校中专部开设成人中专班。2010 年，北京市有北京金隅科技学校、北京电子科技职业学院中专部、北京市商务科技学校等 38 所中职学校和高职学校中专部开设成人中专班。

2010 年，北京市有成人中等专业学校 11 所，分别是，北京市海淀区四季青成人中等专业学校、北京市广播电视中等专业学校、北京市石景山区职工中等专业学校、北京城建集团职工中等专业学校、北京百年农工子弟职业学校、北京市九华旅游职业学校、北京市农业广播电视学校、中国煤矿文工团艺术学校、北京市经济贸易学校、北京市海淀区职业学校、北京医药职工中等专业学校。

表 1–4　　1991 年至 2010 年成人中等专业学校统计表

年份	学校（所）	专任教师（人）
1991	130	3891
1992	146	3898
1993	141	3412
1994	150	3775
1995	141	5249
1996	137	4115
1997	110	3529
1998	112	3188
1999	106	3277
2000	102	2632
2001	17	342
2002	18	350
2003	17	414
2004	15	461
2005	14	385
2006	13	348

续表 1-4

年份	学校（所）	专任教师（人）
2007	11	333
2008	11	348
2009	12	334
2010	11	341

二、招生

1991 年至 1992 年，北京市成人中等专业学校招生延续 1983 年实行的招生办法。

1993 年 1 月，北京市改革成人中等专业学校招生办法。招生专业和招生计划由各校根据需求和办学条件、师资力量拟定，由区、县成人教育局或主管局（总公司）汇总审核后，报市成教局审定，统一下达。招生计划的报送时间一般在每年年底之前，个别特殊情况，也可随报随批。招生对象是具有初中毕业文化程度的北京市劳动者和社会青年。各学校可招收一定比例的应届初、高中毕业生，毕业不包分配。高中（含职高）毕业生、中专技校毕业生可免试入学。具有农村户口，回乡两年以内的初中毕业生，报考种植、养殖、农产品加工等专业的可免试入学。参加普通高考的应届高中毕业生，参加成人高考的考生，参加中考的应届初中毕业生，参加成人中等专业学校学习者，可不再参加成人中等专业学校入学考试。由北京市成人教育考试办公室确定最低录取分数线，由高分到低分录取。高中、中专技校毕业生以及学校与原专业相近的第二专业人员，入学后可直接学习专业基础课和专业课。没有北京市正式户口，长期在本市工作的全国各地人员，符合上述有关规定，可报北京市市属成人中等专业学校。教学质量高、学习管理严格，评估达到优秀的学校，经市成教局批准作为试点，由学校单独命题和组织考试工作。未被列入单独命题、组考、评卷学校，参加全市成人中专招生统一考试。试题由北京市统一命题、统一组织考试、统一评卷。考试采取一次性统考，学校由高分到低分录取办法。招生考试 3 科，包括语文、数学和各专业必考科目；除此之外，各学校可根据专业教学需要从政治、历史、地理、物理、化学各科中任选一种选考科目。参加统一考试的学校，由市成人教育考试办公室负责审批录取。各单独命题组考的学校，其新生由招生学校负责录取，录取名单需报北京市成人教育考试办公室审核、备案。录取审批工作应按最低录取分数线进行，不得自降录取标准。免试入学人员的入学资格由北京市成人教育考试办公室审查并办理录取审批手续。在录取工作中，对获得省级以上劳动模范、各类先进称号人员，从事井下、地质勘探等特殊人员，可酌情适当降分录取。对烈士配偶、子女、台胞、华侨、归侨及其子女，少数民族考生按国家规定降分录取。

1998 年，北京市郊区县成人中等专业学校对农户初中毕业生采取登记入学。

1999 年，北京市进一步改革成人中等专业学校招生办法，继续在成人中专学校实行多种招生办法并存的招生制度。考试入学实行学校自行命题、组考、评卷与录取，语文、数学为必考科目，除此之外，各校可根据专业教学的需要从政治、历史、地理、物理、化学各科中任选一科为选考科目。新生由招生学校负责录取，但录取新生名单须到北京教育考试院成人教育招生办公室办理审批手续。成人中等专业学校从 1999 年开始对 1979 年以来具有农村户口的初中毕业生均可实行登记入学。春季登记入学以能独立组班为前提，春季开班的学校，应提前向市教委申请，批准后，学校可于春季（不得晚于 3 月上旬）开展录取工作并开始实施教学计划。所录取的新生，于当年在规定日期到北京教育考试院成人教育招生办公室办理审批手续。秋季登记入学按正常招生办理。免试入学条件为：1981 年以来的普通高中（含职高）、中专、技校毕业生；1983 年以来，成人中专、成人高中的毕业生；持三年以内"北京市转岗人员培训结业证书"（市教委制）人员免试入学。各校招收的各类免试入学人员的入学资格统一由招生学校负责审核并到北京教育考试院成人教育招生办公室办理审批手续。北京市广播电视中等专业学校继续在经批准的部分专业实行单科累计制管理，其学生实行注册登记入学。

2004 年，北京中等职业学校成人中专班面向年满 18 周岁，具有初中及以上文化程度的从业人员、转岗再就业人员、农村劳动力转移人员、流动人口及其子女（应持暂住证）招生。报名者持相关证明到学校登记注册。学校每年实行春秋两季入学，并在规定时间到市教委职成处办理学籍备案手续。

2010 年，北京市共有 38 所中职学校和高职学校中专部以及 11 所成人中等专业学校招收成人中专学生，共计招生 11404 人。

表 1–5　　1991 年至 2010 年北京成人中专学生统计表　　单位：人

年份	毕业生	招生	在校生
1991	20953	27160	55147

续表 1-5

年份	毕业生	招生	在校生
1992	14520	22241	55513
1993	17235	24180	64107
1994	22729	30012	75305
1995	28351	42501	96887
1996	25007	29324	104161
1997	30534	25200	81969
1998	32274	16407	61678
1999	25169	16388	60919
2000	21646	15166	49782
2001	8671	4417	17235
2002	6545	5053	16588
2003	5356	3720	15994
2004	5666	3952	13506
2005	6005	3730	11554
2006	5084	3567	11363
2007	4694	8060	15553
2008	4812	6066	16579
2009	5266	9876	20870
2010	6100	11404	27025

三、培养目标

20世纪90年代初，北京市成人中等专业学校培养目标为："培养热爱社会主义祖国，坚持四项基本原则，有良好职业道德的具有必备的基础知识、专业知识和相应的文化知识，有较强实际工作能力的应用型中等专门人才。"要求各成人中等专业学校"在制订各专业教学计划时，要规定本专业具体的培养目标，明确学员在政治思想、基础知识、专业知识和专业技能等方面应达到的水平"。

1994年4月20日，国家教育委员会发布《关于改革和发展成人中等专业教育的意见》，要求成人中等专业教育"坚持直接有效地为社会主义现代化建设服务的办学方向，培养德、智、体全面发展的建设人才"。同时要求"行业（部门）举办的成人（职工）中等专业学校，应根据企业经营机制的转换，结合企业目标管理、生产实际及社会需求，开办各种成人教育，全面提高企业人员素质""广播电视、函授中等专业学校应积极为大中城市社区、中小城镇、广大农村及边远地区服务。县、区举办的成人（农民）中等专业学校要为当地两个文明建设服务；为全面加强农业基础地位、面向乡镇企业及农村劳动力转移服务；为农村商品生产、工农一体化、产加销一条龙经营形式服务”。

1995 年 5 月 18 日，国家教委发出《关于评选省、部级示范性成人中等专业学校的通知》，评选条件之一是“全面贯彻党的教育方针，主动适应社会主义市场经济发展需要，为当地经济建设和社会发展服务，培养德、智、体全面发展的合格人才，在本地区、本行业有一定的影响和声誉”。

1996 年 10 月 18 日，国家教委在《关于成人中等专业学校招收应届初中毕业生有关问题的通知》中要求：“成人中等专业学校对招收应届初中毕业生进行中等专业教育要严格管理，保证质量，要积极探索教学领域的改革，加强实践教学环节，突出动手能力的培养，努力办出特色，培养德、智、体全面发展的应用型中等专门人才。”

1999 年 6 月 22 日，市教委发出《关于在本市成人高等学校成人中专示范校迅速开展创业培训的通知》，指出“成人高等学校、成人中等学校肩负着提高在职从业人员素质，直接有效为首都经济建设培养专门人才的重要责任”。

2004 年 10 月 13 日，市教委发出《关于在我市中等职业学校举办成人学历教育有关问题的通知》，明确成人中等职业教育应全面贯彻党的教育方针，坚持以就业为导向，以服务为宗旨，以学生发展为核心，坚持把职业道德教育放在首位，强化职业技能培训，为北京市经济社会发展培养大量高素质劳动者和技能型人才。

2010 年，北京市成人中等职业教育继续沿用 2004 年市教委规定的培养目标。

四、专业建设和课程设置

20 世纪 90 年代初，北京市成人中等专业学校依据国家成人中专课程设置有关规定设置。普通课中的主要课程应达到中等专业人才的文化知识含量；要重视基础课程的教育，使学员掌握必备的基础理论、基本知识和基本技能；专业课要从我国经济建设、技术设备更新改造和科学技术发展需要出发，更新教学内容，拓宽知识面，加强针对性和适用性，满足在职学员定向学习的需要。课程可分为必修课和选修课。必修课占总学时 90% 左右。普通课、基础课和专业课三类课程的比重，按 30 ： 40 ： 30 的比例安排，不同专业根据需要适当调整比例。

1991 年，市成教局组织完成 17 个专业的教学计划的编制。以后，成人中专的专业设置，随北京市社会和经济发展需要逐年调整。1993 年，广播电视中专新开设涉外会计、市场营销和金融专业，试办中专第二学历教育；农业广播电视学校新开设农村经济管理、乡镇企业管理专业。

1991 年，市成教局在修订成人中等专业学校 17 个专业教学计划的同时，新编大纲 30 种，使 17 个主要专业中的 12 个专业的教学大纲、教材全部配套。年内，市成教局下发《关于北京市各类成人中专政治理论课安排和教材使用的原则意见》，北京市成人中专理工农医类专业把《马克思主义基础》和《中国革命史》两门政治理论课列入教学计划，其他类专业必须把《哲学》《政治经济学》和《中国革命史》列入教学计划，其中两门作为政治理论课，一门作为专业基础课。同年，北京完成全国成人中专政治理论课教材《马克思主义基础》和《中国革命史》的编写任务，1991 年秋季开学投入使用。同年，市成教局在修订成人中等专业学校 17 个专业教学计划的同时，出版 8 个专业教材，使 17 个主要专业中的 12 个专业的教学大纲、教材全部配套。

1993 年，为解决成人中专会计专业适应国家新会计制度与国际会计结算方法接轨问题，市成教局及时组织编写教学大纲和教材，完成财会专业教学的全部改造工程。

1994 年，北京市成人中专学校《数学 (工科类)》《会计基础》《工业会计》《商业会计》《会计模拟实习指导》《计算机基础》教材重新编写出版投入使用。1997 年，北京 127 所成人中专共设有 178 个专业，分为九类：管理类 55 个，工科类 33 个，财经类 26 个，艺术类 18 个，医药卫生类 15 个，文科类 14 个，农林类 8 个，服务类 7 个，政法类 2 个。

1996 年 4 月和 11 月，市教委分两册印发教学大纲 103 个。这些大纲是由该处会同成人教研中心组织专家和各有关学科教师共同完成的，覆盖本市全日制中专班开设的 44 个专业。

1998 年 4 月，市教委开始组织对北京市成人中等专业学校的专业进行评估，评选特色专业。至 1999 年 1 月，基本完成第一批市级成人中专学校特色专业评估工作，共有 15 所学校 17 个专业申报特色专业，10 个专业最终批准为特色专业，缓批为特色专业的 4 个，未达到特色专业评估标准的专业 3 个。

1997 年，市教委制定《北京市成人中等专业学校举办全日制中专班的若干规定》等规范性文件，建立专业设置审批、论证制度，规范校外联合办学和教学点的审批。在发挥成人中专多渠道、多层次、多功能办学的同时，有效地规范学校的办学行为。

1998年，北京市成立成人教育教材建设领导小组，全面负责每年成教用书征订目录、教材编写、审查、发行等工作。

2004年，北京市开始实施技能型紧缺人才培养工程，包括的专业领域有数控技术、汽车维修技术、计算机技术、物流管理、电子与信息技术和机电技术应用。

同年，北京市规定中等职业学校成人学历教育文化课教学执行市教委北京市中等职业学校开展分层次教学试点工作中的B类标准。要合理安排文化基础课与专业课的比例，按要求进行水平测试工作。

从2006年起，北京市中等职业学校部分专业开展“职业资格证书”与“文化基础课”为核心课程的成人学历教育教学模式改革试点工作，面向企业在职人员、农村劳动者和外地来京务工人员招生。为配合“技能+基础”新政策执行，市教委对学籍数据库进行升级改版，新增设“技能+基础”类学生的独立数据库，便于学校执行新政策。该教学改革模式是学历教育和职业资格证书培训相结合的教学模式，主要指学生参加劳动部（局）职业资格考试，取得相应的职业资格证书；同时参加成人中等学历教育必需的文化基础课学习和考试，成绩合格者，即可取得国家承认的市教委统一印制的中等职业教育（成人）毕业证书。取得中级及以上职业资格证书者，需参加语文、数学、外语和计算机应用基础4门文化基础课程学习和考试。取得初级职业资格证书者，除参加语文、数学、外语和计算机应用基础4门文化基础课程学习和考试外，还需参加学校组织的一至两门专业课程的学习和考试。首批试点专业包括：烹饪、饭店服务与管理、美容美发与形象设计、家政与社区服务、商品经营、电子商务、物流管理、制冷与空调设备运用与维修、电子电器应用与维修、机械加工技术、电气技术应用、焊接、数控技术应用、汽车运用与维修、园艺、养殖、畜牧兽医、园林、计算机及应用、计算机网络技术、工艺美术、旅游服务与管理。

2008年，市教委继续开展农民成人中等学历教育模式的改革试点工作。在农村地区中等职业学校和农广校中继续开展“技能+基础”农民成人中专学历教育，指导中等职业学校和农广校作好“技能+基础”农民成人中专学历教育人才培养模式改革试点校总结试点的经验，并适当扩大试点学校和专业，平均每年招收农民成人中专学历教育学员5000人，农民成人中专在校生1.5万人。

2010年，北京市执行教育部修订的中等职业学校专业目录要求并制定实施细则，修订专业目录中专业类由原来的13个增加到19个，专业数由原来的270个增加到321个，专业（技能）方向（即原“专门化举例”）由原来的470个增加到

920个，列举对应职业（工种）1185个，列举职业资格证书720个，列举继续学习专业方向554个。北京市成人中等专业学校专业设置专业按照目录要求执行。

表 1–6　　2010年北京市中等职业学校成人中专班招生专业一览表

学校名称	招生专业
北京金隅科技学校	土木工程类（建筑工程造价、建筑装饰、工业与民用建筑、建筑工程材料检测），楼宇智能化技术，加工制造类（建筑与工程材料、硅酸盐工艺及工业控制），加工制造类（数控技术应用、数控设备维护维修、电气运行与控制、机电设备安装与维修、焊接技术），信息技术类（计算机及应用、计算机网络技术、多媒体技术），电脑美术（动漫设计），商贸类（电子商务、物流管理、物业管理、市场营销），休闲度假服务与管理，休闲体育服务与管理、古建筑保护与修缮
北京市商业学校	市场营销、市场营销（艺术品鉴赏与营销）、物流管理、旅游服务与管理、会展服务与管理、文秘、宝玉石鉴定与加工、眼镜配制、电子商务、计算机及应用、服装制作与营销、商务外语、动画设计与制作、美术设计、饭店服务与管理（国际酒店）、服装表演、交通运输管理（城市交通运营服务与管理）、计算机网络技术、商务助理
北京市供销学校	会计、金融事务（证券事务）、税务事务、交通运输管理（城市轨道交通运营管理）、旅游服务与管理（旅行社业务）、计算机及应用（操作与维护）、计算机网络技术（网络编辑）、计算机网络技术（网络管理与应用）、物流管理、电子商务、物业管理、文秘（办公事务）、市场营销（合作经济管理）
北京市昌平卫生学校	药剂
北京市商务科技学校	物流管理、电子商务、会计、计算机网络管理与应用、服装设计与工艺
北京市环境与艺术学校	环境治理技术、产品质量监督与检验、动画设计与制作、家具设计、首饰设计与制作、皮革制品造型设计（皮鞋设计、皮服设计、皮具设计）
北京市经济管理学校	计算机及应用、会计、商务英语、食品加工与检验
北京商贸学校	国际商务、电子商务、市场营销、饭店服务与管理、动漫设计与制作、广播影视节目制作、计算机及应用
北京市对外贸易学校	国际商务、物流管理、会计、商务英语、市场营销、会展服务与管理、电子商务、国际商务（客户服务专门化）、会展服务与管理（展示设计与制作专门化）、电子商务（网络营销专门化）
北京电子科技职业学院中专部	汽车制造与维修、模具设计与制造、机电技术应用、汽车商务
北京工业职业技术学院中专部	采矿技术、机电技术应用、工程测量
北京市交通学校	汽车运用与维修专业、汽车整形与涂装专业、汽车商务专业、汽车保险与理赔专业、物流管理专业、计算机及应用（交通信息管理）
北京市振华旅游学校	旅游英语、旅游服务与管理（导游）
北京市中医学校	中药、康复保健
北京城市建设学校	工业与民用建筑、建筑设备安装、物业管理、建筑工程造价、测量工程技术、计算机应用技术
北京铁路电气化学校	电力机车运用与检修、电力机车驾驶、电气化铁道供电、供用电技术（企业供电）、电机与电器
北京市幼儿师范学校	幼儿教育
北京中华商科学校	幼儿教育

续表 1-6

学校名称	招生专业
北京市黄庄职业高中	计算机网络管理、电脑美术设计、会计、美容美发与形象设计、假牙设计与制作、服装设计与工艺、服装表演
北京市古城旅游职业学校	烹饪、旅游服务与管理、饭店服务与管理、园林设计
北京市外事学校	饭店服务与管理
北京市实美职业学校	美术绘画、美术影视与动画、广告设计与制作、广播影视节目制作、影视节目制作、影视表演、服装表演、美容美发与形象设计、公关礼仪、日语、幼儿教育、音乐、舞蹈、休闲体育服务与管理（台球运动）、法律事务、金融事务、计算机网络技术、电子与信息技术、制冷和空调运用与维修
北京市商务管理学校	一、远大校区：饭店服务与管理、烹饪、休闲体育服务与管理（高尔夫球）、物业管理、汽车运用与维护、计算机及应用、园林花卉 二、花园路校区：会计、金融事务、电脑美术设计、美容与形象设计、商务英语、计算机及应用、园林花卉
北京市盲人学校	针灸推拿
北京市丰台区职业教育中心学校	烹饪（中餐、西餐）、计算机网络技术、汽车运用与维修、通信运营与管理、旅游服务与管理、饭店服务与管理、电子商务、美术绘画、美术设计、会计、幼儿教育、影像与影视艺术（音频后期制作）、宝玉石鉴定与加工、服装设计与工艺、汽车商务、美术设计（动漫设计）
北京市宣武区第二职业学校	出版与发行、计算机及应用、印刷技术、广告设计、机电技术、中药、药剂、中医保健康复、计算机及应用
北京市宣武区第一职业学校	会计
北京市求实职业学校	计算机网络技术、文秘
北京市电气工程学校	经济法律事务、制冷和空调设备运用与维修、电气设备运行与管理、电子与信息技术、计算机及外设维修、楼宇智能化技术、电梯安装与维修、汽车运用与维修、计算机软件、工商法律事务、物业管理、酒店机电设备维修、美术设计、电力设备运行与维修、园林、幼儿教育
北京市东方职业学校	园林花卉、旅游服务与管理、饭店服务与管理、电子商务、铁路运输管理、铁路工程
北京市房山区房山职业学校	旅游服务与管理、幼儿教育、计算机网络技术、财务会计、汽车运用与维修、物流管理
北京市平谷区第一职业学校	服装设计与工艺
北京市昌平职业学校	计算机及应用、旅游服务与管理、园林花卉、烹饪、航空服务、汽车运用与维修、数控技术应用、交通运输管理、汽车制造、物流管理、金融事务
北京市崇文区电子技术职业教育中心	计算机及应用、烹饪
北京市怀柔区职业学校	机械加工、汽车运用与维修、计算机及应用、旅游服务与管理、包装印刷、农村经济管理
北京市密云县职业学校	农村发展与管理、民俗旅游、水产养殖、养殖、种植、计算机及应用、烹饪
北京市大兴区第一职业学校	园林、计算机及应用、汽车运用与维修、电子商务
北京新桥外国语学校	商务英语

五、教学计划

20 世纪 90 年代初，北京市成人中等专业学校依据国家关于成人中等专业学校教学计划的原则意见，制订教学计划。关于教学计划的管理，国家规定，国务院有关部委教育行政部门和省、自治区、直辖市及计划单列教育行政部门，负责制定或审定指导性教学计划，制订或修订教学计划，按隶属关系报省、自治区、直辖市及计划单列市或部委教育行政部门批准后执行。

1991 年 3 月 11 日，市成教局发布施行按上述原则意见修订后的北京市成人中等专业学校 17 个专业统编教学计划，并于当年组织论证修订 14 个专业的教学计划。1994 年 10 月 18 日，市成教局调整成人中专财务会计专业教学计划，对 1991 年公布的成人中专财务会计专业统一教学计划中的部分课程做出调整：计算机基础课课时由原来的 80 学时到 160 学时，并由考查课改为考试课；计算技术课课时由 60 学时减到 40 学时。

1991 年，北京成人中等教育将《马克思主义基础》《政治经济学》《哲学》《中国革命史》政治理论课列入教学计划，由全市统考来确定学员该科成绩。

从 1991 级新生开始，北京成人中专教育开始实行三套教学计划控制教学过程并以此为基础实施质量检查。专业教学计划全市统一内容、格式要求；班级授课计划在专业教学计划的规范下，根据具体教学班培养对象的特点，具体落实教学环节；学期授课计划根据班级教学计划，于每学期开学前将本学期开课及其他教学环节以教学计划的形式明确下来，落实到教师。班级教学计划和学期教学计划为检查教学质量的依据。

1996 年，市教委在北京市一商局职工中等专业学校，进行市场营销专业加强实践性教学环节专业论证会。与会专家和领导针对成人中专招收全日制中专班的生源特点、培养目标等展开讨论。论证会充分肯定加强实践性教学环节的必要性。

1997 年，北京市开展成人中专学校教育教学改革，即根据社会需求确定成人中专的人才规格和质量标准，加强实践性教学环节使课程设置转向职业型、实用型，对全日制学员加强职业道德教育和政治思想教育，改善教学手段和教学方法。

1998 年，北京市针对成人中专全日制班制定德育工作规程，要求思想品德课和政治课是必修课程，同时，德育要同智育、体育、美育、劳动教育相结合。

同年，市教委对全市成人中专进行教改立项的阶段性检查。其中 2 所学校评为A级，1所学校评为B级，市教委给予这些学校经费支持和政策倾斜。通过专家论证指导，使教学改革更加科学化、规范化。在学分制管理教学改革方面，对全市学分制管理财务会计、企业管理、计算机应用三个专业的教学计划，从培养目标到课程设置及教学内容等方面制定改革实施方案，确定必修课程，增加选修课程，并正式颁发试行。同时，还修订21门课程的教学大纲，开发学分制管理软件，发挥学分制管理开放式办学的功能。

2000年，北京市按照教育部《关于制定中等职业学校教学计划的原则意见》规定制订教学计划。

2009年2月，北京市执行教育部新的《关于制定中等职业学校教学计划的原则意见》。教育部负责制定中等职业学校教学计划的原则意见，并组织制定国家重点建设专业教学指导方案等专业建设规范性文件，省级教育行政部门负责国家重点建设专业教学指导方案的实施，并按照结合地方和行业经济发展的实际需要，加强与行业部门的合作，组织开发具有地方特色的其他专业的教学指导方案，报教育部备案；中等职业学校按照依据国家和省级教育行政部门发布的教学指导方案，制订实施性教学计划。

六、教学组织与实施

1990年4月21日，北京市成人中等教育中脱产学习的工、农、医类专业，实践教学时间不少于18周，文科不少于8周。学员已掌握的生产实践技能，经考核，成绩合格者，可予免修。专业不对口的学员，除完成理论学习任务外，需按所学专业，进行实践技能训练，考核合格后，方能颁发毕业证书。毕业作业（设计）应结合实际进行。学员如能运用所学知识在技术革新、科学试验等方面取得成果，表明确已具备综合运用知识的能力，其成果报告、设计或总结可作为毕业作业。学年学时的安排为：1. 教学计划。采用学年制或学分制单科累计制。2. 学习年限。工科、医科业余学习一般为四年，脱产学习一般为二年半至三年；文科、农科、林科业余学习一般为三年至三年半，脱产学习一般为二年至二年半。3. 每学年按45周安排教学。业余学习每周为14学时左右，脱产学习每周26 ~ 30学时。4. 教学总时数（不含实践教学）。工科、医科为2400 ~ 2700学时，文科、农科、林科为2200 ~ 2400学时。在保证教学总时数的条件下，可适当调整并相应地延长或缩短学习年限。文件同时规定：工科、医科类专业一般不开办中专函授教育。要确保函授教育质量，严格控制中专函授规模，严格学籍管理。

考虑到初中后教育，学员自学能力较弱，举办中专函授教育的学校，要定期派教师到函授站进行面授，集中面授的时间不得少于教学总时数的40%，并要加强平时辅导答疑。

1993年，成人中等会计专业实行双证制度，即毕业生考核合格同时颁发中专毕业证书和会计证书。

1997年，市成人中专教育开展学分制管理办学模式改革的试点。试点本着按需施教、注重实效的原则，采取原单科累计制的入学形式，建立具有宽进严出，选课自由、学习灵活、就近选读、课程互通特点，通过累计学分，达到毕业标准的成人中等专业教育模式。

1998年11月16日，北京市成人中等专业学校学分制学生评价包括学业和操守两方面。学业方面：按照教学计划、教学大纲的要求，检查学生对所学知识的理解程度与技能的运用能力，以达到衡量学生实际学业水平的目的。操行方面：考查学生思想觉悟、道德品质、遵纪守法、学习态度等方面的表现，学校应写出学生的操行评语。学生学完教学计划所规定的每一门课程都要进行考试或考查。必修课由学分制管理办公室指定联考科目，选修课由学校自行命题考试。考试科目成绩满50分方可参加总评成绩评定。总评成绩按平时成绩占30%(测验和大型作业成绩占20%，考勤占10%)，期末成绩占70%的比例进行评定。考查科目平时成绩百分制，总评成绩为“合格”“不合格”。60分（含）为合格取得学分。总评成绩不合格的需重读重考。

2000年1月7日，北京市成人中等专业学校实行学分制管理。学分制管理一律实行登记注册入学，学员可随时入学就读，实行弹性学制，学员在6年内完成学业。学分制学校可以实行联合学分制，学生在一所学校注册后，可跨校选课，成绩合格由注册学校颁发成人中专证书。

2002年9月1日，北京市成人中等专业学校成绩考核包括学业和操行两个方面。学业方面:按照教学计划、大纲规定，考核学生对所学知识的理解程度和职业技能的运用能力；操行方面：对学生的思想品德、遵纪守法、学习态度等方面进行考察评定。考核成绩和评定结果应记入学生档案。考核分为考试和考查两种。考试、考查成绩是学生升、留级的依据。成绩评定采取百分制、五级分制（优秀、良好、中等、及格、不及格）和学分制等评定方式。

2004年10月13日，北京市中等职业学校举办成人学历教育规定：成人中等职业教育的学制一般为3年。执行学分制的学校，学生修业年限为2至5年。可以采取业余、半脱产、全脱产等学习形式。全日制成人中专（职高）的总学时一般为 2560 ～ 2880，总学分一般不少于 160 学分；业余（含半脱产）成人中专（职高）总学时一般为 1920 ～ 2160，总学分一般不少于 120 学分。专业教学计划中开设的课程原则上以 16 ～ 18 课时为 1 个学分。毕业实习以一周为 1 个学分。至 2010 年，北京市继续沿用该规定。

七、学籍和毕业

1991 年，北京市成人中等职业教育实行 1989 年北京市制定的成人中等职业学校学籍管理有关规定。

1994 年，北京市开始实施从成人中等专业学校毕业生中选拔优秀学员推荐到成人高等院校深造的方案。

1997 年，北京市扩大成人中等专业学校保送优秀毕业生升入成人高校学习的比例，对《关于从成人中等专业学校毕业生中选拔优秀学员推荐到成人高等院校深造的实施细则》做调整和补充，规范程序要求。推荐坚持民主、公开、公正、择优原则，严格选拔。为保证入学质量，对保送的优秀毕业生进行文化课测试。保送比例为：北京市示范性成人中等专业学校不超过当年（含 1 月和 7 月）毕业生的 7%；1992 年至 1994 年北京市成人中等专业学校评估优秀学校，不超过当年（含 1 月和 7 月）毕业生的 5%；1992 年至 1994 年北京市成人中等专业学校评估合格学校，不超过当年（含 1 月和 7 月）毕业生的 3%。年内，对 49 所学校推荐的 398 名学员进行语文、数学文化课测试，369 名学员经测试合格被保送到成人高校学习。

1998 年，北京市成人中等职业教育中学分制学生实行新的管理规定，包括入学与注册、学籍档案、成绩与考核、免修免试、选读与重读、考勤与纪律、奖励和处分、毕业八个方面。取得高中及中专以上毕业证书的学生，高等教育自学考试毕业证书和单科结业证书的学生以及取得与本专业教学计划相同课程，教学大纲相近要求的普通中专学校、成人中专学校文化基础课、专业基础课，考核成绩合的学生，其相关课程可以免修免试。免修免试科目合计不得超过 45 学分。学分制学生修业年限为 2 ～ 6 年，学生在规定的时间内取得规定的学分，思想品德考核合格，准予毕业。发给市教委统一印制、统一验印的成人中专毕业证书，毕业期的时间定为每年的 1 月、7 月，在规定的学习期限内，对未能毕业者发给相应的学习证明，同时注销学籍。

2002 年至 2010 年，北京市成人中等职业学校实行新的学籍管理办法，包括入学与注册，成绩考核，升级与留级，转学与转专业，休学、复学与退学，纪律与考勤、奖励与处分，毕业与结业七个方面。其中规定，政府各委、办、局、总公司举办的成人中等专业学校和普通中等专业学校举办的成人中专班通过计算机网络系统直接向市教委备案。学生每学年完成教学计划规定的课程，经考核（含补考）成绩合格或一门不及格者，准予升级。不及格课程毕业前可再补考一次。毕业年级学生一般不得转学。学生转学或转专业原则上应控制在二年级以内。一般情况，学生转学，应控制在新学期开学后一个月内进行。具有学籍，学完教学计划规定的全部课程（包括实习和毕业设计），经考试合格或取得规定的学分，思想品德考核合格学生准予毕业。由学校颁发市教委统一印制并加盖学校钢印和印章的中等职业学校毕业证书。对于毕业时经补考仍有不及格科目的学生，发给结业证书。离校后经补考成绩全部合格，可换发毕业证书，毕业时间自换发之日起计算。

第二章　成人高等学历教育

20 世纪 90 年代初，北京成人高等学校教育属于国民教育系列，列入国家招生计划，国家承认学历，参加全国招生统一考试，各省、自治区统一组织录取。成人高等学校包括经教育部核准的独立设置的高等学校，独立设置的函授学院和以函授部、夜大学、教师班、成人脱产班形式举办成人本、专科学历教育的普通高等学校。独立设置的高等学校包括广播电视大学、职工高等学校、农民高等学校、管理干部学院、教育（教师进修）学院。1998 年，北京市开展现代远程教育试点工作，同时试办社区学院，社区学院是区县举办的一所集高等职业教育、成人高等学历教育、继续教育、广播电视等远距离教育、职业资格培训、紧缺人才培训、转岗培训、各种短期培训以及社会文化生活教育等多种功能于一体的新型成人高等学校。2008 年，北京市以提高质量为核心，明确办学定位，全面提高成人高等教育和继续教育办学水平。普通高等学校成人高等教育向以高层次为主的、多类型的继续教育转变。独立设置成人高等学校要立足地区（社区）、面向行业（系统），以高等专科学历教育为基础，充分发挥对本地区、本行业继续教育和社会文化生活教育的引领作用，不断提高办学水平，强化服务意识，为满足各类社会群体的教育需求提供多形式、多层次、多类型的教育项目和服务。2010 年，北京市有独立设置的成人高校 24 所。北京各普通高等学校中，举办专科层次的有 83 所，举办本科层次学历继续教育的有 65 所；同时举办本专科层次的有 61 所。

1981 年，北京市在全国首先实施高等教育自学考试制度。1993 年，北京市首先开始高等教育学历文凭考试。1997 年，北京市开始高等职业技术专业自学考试。高等教育自学考试制度是对自学者进行的以学历考试为主的高等教育国家考试，是个人自学、社会助学和国家考试相结合的高等教育形式。高等教育自学考试通过国家考试，促进个人自学和社会助学活动，造就大批专门人才，提高全民族的思想道德素质和科学文化素质。2010 年，北京市共完成高等教育自学考试28次，共有39.2万人次报考99.1万科次，开设专业总计112个，毕业生10691人。

第一节 成人高等学校教育

一、学校设置

1991年，北京市有90所独立设置的成人高等学校，其中，广播电视大学2所，职工高等学校50所，管理干部学院34所，教育学院2所，独立函授学院2所。以函授部、夜大学、教师班、成人脱产班形式举办成人本、专科学历教育的普通高等学校有53所。同年，北京市改革市属成人高校内部管理体制。学校可根据学校情况自选校长负责制或党委领导下的校长负责制。教育目标实行责任制，在定编、定岗、定员、定责的基础上制定以评估教育质量、办学效益为主要内容的考核标准和方法。教职工施行聘任制。工资实行工资总额包干和校内结构工资制。在扩大学校自主权的同时，北京市进一步调整成人高等教育布局和结构，成人高等教育开办专科层次第二专业教育。

1993年，北京市执行国家教委成人高等学校设置补充规定，该规定对1988年制定的成人高等学校设置规定进行补充和修订。其中，成人高等学校应当根据其服务地区和行业对人才的需要，合理确定专业和规模；学校的专业数应当在3个以上，在校学生规模应达到800人以上，其中高等学历教育在校学生规模应不少于300人；成人高等学校应当配备具有大学本科以上文化程度，有较高政治素质和管理成人高等教育工作能力的专职校（院）长1人，副校（院）长1～3人，要按学校规模核定学校的人员编制，其中，专兼任教师总数与在校生规模之比按1∶6～1∶8计算，专兼任教师总数应不少于100人，其中专任教师不得少于60人，具有副教授或相当于副教授任职资格以上的专任教师人数，应当不低于本校专任及兼任教师总数的5%；成人高等学校须具有与学校类型规模和任务相适应的专用校舍；教学仪器设备应基本满足教学要求，实验自开率应达到80%以上；学校应配备适用的图书资料；理工类学校不少于6万册，文法、财经类学校不少于7.5万册。同年，教育部批准设立的本科学校可自主举办函授、夜大学本专科教育，专科学校可以自主举办函授、夜大学专科教育，但不得举办本科教育。

1994 年，北京市在北京工业大学和北京联合大学举办高等职业技术班。1996 年，北京市独立设置的成人高校试办的高等职业技术教育班。该班与北京市普通高校试办的高等职业技术班的入学考试均纳入成人高等教育招生的“3+2”考试体系，并统一简称为“成人高职班”。

自 1998 年起，北京市贯彻落实《国务院关于调整撤并部门所属学校管理体制的决定》，成立高等学校管理体制改革领导小组，对学校开展管理体制调整。1998 年，北京市接收 11 所撤并部门的高校，其中，成人高等学校两所，分别是国家建筑材料工业局管理干部学院、机械工业管理干部学院。

1999 年，北京市先后两批按国务院要求对原中央 10 个部委和 5 个军工总公司的 17 所学校进行管理体制调整，实行中央与地方共建共管，以地方管理为主。随后又与原市属院校统筹规划结构布局调整。6 月 12 日，北京轻工学院、北京商学院、北京机械工业管理干部学院合并成立北京工商大学。2000 年，北京市机械工业管理局职工大学、北京市汽车工业总公司职工大学、北京一轻工业学校职工中专部等学校划转市教委管理。至 2000 年，北京市有独立设置成人高校 61 所。

同年，市教委要求各委、办、局在机构调整精简的同时，保证对企业职工教育领导；首钢集团、住总集团、城建集团、西单友谊集团、贵友大厦有限公司、市公交总公司、市地铁总公司等一些大型企业强化职工教育委员会功能，加强对职工教育的领导；各区县健全成人教育委员会（成人教育培训工程领导小组），发挥统筹协调、综合管理作用。成人教育逐步从政府行为转变为行业行为、部门行为、企业行为和个人行为。

进入 21 世纪以后，北京市持续调整独立设置的成人高等学校，至 2010 年，北京市有独立设置的成人高校 24 所。

2008 年，北京市加强成人高等教育管理，强化举办学校主体地位，规定高等学校不得与非学历机构、低层次学历教育机构合作举办成人高等学历教育。同时，组建北京成人高等教育和继续教育指导委员会，提供咨询、进行评估、开展理论研究。同年，普通高等学校停止招收成人脱产班，成人高等学校招收成人脱产班的规模要根据具体行业需求从严、合理确定。

2010 年，北京市有独立设置的成人高校 24 所。北京各高等学校中，举办专科层次的有 83 所，举办本科层次学历继续教育的有 65 所；同时举办本专科层次的有 61 所。

附：独立设置的成人高等学校选介

北京广播电视大学　1960年建校，原名是北京电视大学，是全国创建最早的电视大学之一。至1966年7月共培养专科毕业生6000余人，单科结业3.6万余人次。“文化大革命”期间学校停办。1979年复校并更名北京广播电视大学。1997年4月，成立北京老年电视大学。9月，北京广播电视中等专业学校和北京市农业广播电视学校并入，学校增设中专部。1999年至2010年，开展开放教育的创新实践，累计招生20多万人，毕业生近10万人。2007年，学校承担建设“北京学习型城市网”。2010年，学校与中央电大、所属分校（工作站）共同建立统筹规划、分级办学、分级管理、分工协作的远程教育系统，在全市16个区县和燕山地区、部分行业系统及中央在京单位设有54个基层教学单位，构成覆盖全市、布局合理的开放教育系统。学校占地面积2.5万平方米，学校产权建筑面积5.2万平方米。教职工280人，其中，专任教师80人，包括教授2人、副教授28人。全年毕业学生18913人，招生25489人。

北京教育学院　1953年成立，原名为北京教师进修学院，隶属于北京市教育局。“文化大革命”期间停办。1978年复校并更名为北京教育学院。1993年12月，北京教育行政学院并入北京教育学院，同时北京英语教师培训中心并入北京教育学院外语系。2005年，学院确立首都校长、教师培训基地这一功能定位，学院的中心任务也逐渐转向基础教育、职业教育、成人教育“三教融通”的首都校长教师培训主业。学院建成统筹管理、覆盖全市的中小学教师继续教育现代化远程教育培训体系，为全市中小学教师在线学习、教学研究提供专业化的学习资源与技术支持。2010年，学校占地面积5.2万平方米，产权建筑面积11.52万平方米。设有黄寺校区、文兴街校区和中轴路校区等5个校区，7个二级学院，1个图书资料中心。设有19个教学系，开设34个专业，覆盖10个学科。教职工572人，其中，专任教师243人；教授15人、副教授89人；兼职教师51人，包括教授1人、副教授10人。毕业2131人，招生2189人，在校生5645人。

北京宣武红旗业余大学　1958年6月建校，原名宣武区红旗夜大学。建校初期设有师范学院、财经学院、体育学院、艺术学院等专业学院，设中文、政治、英语、俄语等10个专业，学制4年，依托北京大学、人民大学、北京师范大学、北京化工学院、第二医学院开展教学。1960年撤销各专业学院，改为系。“文化大革命”期间学校停办。1978年复办，1980年改名北京宣武红旗大学。1982年改为北京宣武红旗业余大学。1991年在北京市成人高等学校评估中定为

A级成人高校，1997年被评为北京市培训工程先进集体，1998年被评为北京市成人高等学校示范校。2002年10月，北京市宣武区社区学院成立，学院由北京宣武红旗业余大学、区电大分校、区老龄大学及驻区市属成人院校组合成立。本部设在北京宣武红旗业余大学。2010年，学校设有右安门、广安门外小红庙和西便门老龄大学共3个校区，14个工作站。校部位于右安门内大街79号。学校占地面积3.28万平方米，产权建筑面积3.6万平方米。设有5个教学系，开设48个专业，覆盖12个学科。教职工156人，其中，专任教师68人（教授12人、副教授24人）；兼职教师64人，其中，教授12人、副教授24人。毕业1487人，招生1342人，在校生4029人。

北京市工会干部学院（北京市总工会职工大学）　北京市工会干部学院的前身是1949年1月由北平市职工总会筹备委员会为培养工会干部而举办的职工训练班。1949年9月正式开办职工学校，校址位于国子监和孔庙，1956年9月，迁至陶然亭路53号新校址。1980年10月17日，北京市总工会主办的北京市职工业余大学成立。校址暂设在北京市劳动人民文化宫内。1983年2月18日，北京市职工业余大学成为国家正式承认的独立设置的成人高校。1984年9月1日，北京市职工业余大学正式更名为北京市总工会职工大学。1986年11月，北京市总工会干部学校与北京市总工会职工大学合并。2005年7月，学院正式更名为北京市工会干部学院（北京市总工会职工大学）。2010年，学校占地面积2.07万平方米，产权建筑面积2.87万平方米。开设28个专业，覆盖8个学科。教职工115人，其中，专任教师55人（教授1人、副教授5人）。毕业1025人，招生635人，在校生2709人。

北京市西城经济科学大学　2000年12月，西城区职工大学与西城经济科学大学合并组建北京市西城经济科学大学（西城社区学院）。学校是集高等职业教育、成人高等教育、继续教育等多种教育于一体的社区性、开放式成人高等学校。2002年，西城区职工中专学校并入西城经济科学大学。2008年3月，西城区学习型城区研究中心在西城经济科学大学（西城社区学院）成立。中心主要承担学习型城区建设的理论研究、科研课题管理、实验与示范项目的开发工作，并对西城区建设学习型城区和创建学习型组织工作进行理论和实践的咨询和指导。2010年，学校占地面积4.3万平方米，产权建筑面积4.4万平方米。设有4个教学系，开设26个专业，覆盖4个学科。教职工160人，其中，专任教师63人（副教授18人）；兼职教师25人。毕业2042人，招生1417人，在校生5537人。

二、招生

1991年，北京市成人高等教育招生工作继续实行1986年国家教委制定的各类成人高等学校实行全国统一招生考试制度。招生工作由成人教育考试办公室和北京市招生委员会办公室分别负责，其中成人教育考试办公室负责独立设置的成人高校招生工作，北京市招生委员会办公室负责各普通高校成人教育招生工作。考试有高中起点升本科、专科考试和专科起点升本科考试。高中起点升本科、专科考试按文科、理科分别设置统考科目，即“老五科”。文科考试科目为政治、语文、数学（文史类）、历史、地理，理科政治、语文、数学（理工类）、物理、化学。部分本科专业加试外语。高等专科起点升本科考试统考科目4门，包括两门公共课（政治、外语）、专业基础课一门、专业课一门。

1993年，北京成人高等学校招生计划由教育行政部门下达学校改为学校根据社会需求编报计划，由教育行政部门审批。招生对象扩大至社会青年。管理干部学院招生干部工龄放宽至2年。扩大往届生招生范围，由原来3所扩大至所有成人高校。部分专业招生考试也改为“3+2”即政治、语文、数学外，增加专业课考试，如成人高等教育西医类专业（不含药学）将物理、化学科目改为生理学和人体解剖学。同年，为配合北京市中、高级紧缺人才培训工程，开始“5+2”招生考试，即面向具有一定文化水平又急需培养的行业、系统、单位的骨干，参加全国成人高校招生考试，5门课总成绩不低于北京市当年录取最低控制线80%者，另外以口试、笔试或实际操作方式进行2门课的能力测试，并将能力测试成绩以50%计入统考成绩后再决定是否录取为成人高等学历教育学生。该招生政策于2000年终止。

1996年，北京教育考试院成立，1997年，设置成人教育招生办公室，统一负责独立设置的成人高校和各普通高校成人教育的招生工作。

自1996年起，成人高等教育报考者文化程度、年龄和工龄进行调整。其中，1996年调整文化程度要求，对报考成人高等学历教育高中起点本、专科者的文化程度要求为“须具有高中毕业文化程度”和具有高中毕业“同等学力者”；报考专科起点本科班者必须具有“国家教委审定核准的国民教育系列高等学校或高等教育自学考试机构颁发的大学专科毕业证书”。1997年报考年龄要求调整为，以同等学力报考者，年龄需满19周岁。2001年取消对报考人员工龄限制。

2001年起，本科层次考试增加外语科目考试。招生录取工作实施网上录取改革。

2003年起，不再沿用“老五科”和“3+2”的科目设置体系，而是“按文科、理科分别设置统考科目”，将原来“老五科”的高中起点本科考试科目改为“4+1”（其中“4”为国家统考科目即语文、数学、外语、理化综合或史地综合），“1”为招生院校根据专业要求决定是否自行加试的科目）结构，原“3+2”科目的高中起点专科和高等职业教育考试科目改为“3+1”；“3”为国家统考科目即语文、数学、外语，“1”为招生院校根据专业要求决定是否自行加试的科目结构。高等专科起点升本科考试统考改为三门，包括两门公共课一门专业基础课。同年，因为非典型肺炎疫情，全国统一考试时间改为11月，自此至2010年，全国成人高考时间由每年5月改为10月或11月。

2005年，成人高校招生全部实行计算机网上录取，分为现场局域网和远程广域网两种形式。

2010年，成人高等教育实行全国统一招生。招生类型分高中起点升本科(以下简称高起本)、高中起点升专科(以下简称高起专)和专科起点升本科(以下简称专升本)三种。招生范围为国家承认学历的各类高、中等学校在校生以外的在职、从业人员和社会其他人员。招生考试分高起本、高起专考试，按文科、理科分别设置统考科目。公共课统考科目均为语文、数学、外语三门，其中数学分文科类、理科类两种，外语分英语、日语、俄语三个语种，由考生根据报考学校招生专业要求选择一种。报考高起本的考生，除参加三门统考公共课的考试外，还需参加专业基础课的考试，理科类专业基础课为“物理、化学综合”（简称理化），文科类专业基础课为“历史、地理综合”（简称史地）。以上试题均由教育部统一命制。专升本考试统考科目为政治、外语和一门专业基础课。试题由教育部统一命制（外语非英语语种由各省、自治区、直辖市依据本地生源情况自行确定是否开设并自行组织命题）。考试时间为10月16日和17日。

三、教学

1991年，成人高等学校的专科专业设置由学校申报，经市教育行政部门审核批准后报教育部备案；本科专业报教育部审批。成人高等院校由于学校条件不同，或因主管单位的需要不同，各校开的专业均按行业需求，各具特色。函授、夜大学开设的专业是普通高校办学时间长、教学质量高、教师力量雄厚的专业。

1991年，北京成人高等学校教育教学形式包括脱产学习以及半脱产和函授的业余学习。教学分为课堂理论教学和实践教学。理论教学包括课堂讲授、习题课、实验课、辅导等教学环节；实践教学包括生产实习、课程设计、毕业设计、论文答辩等教学环节。用广播电视、函授形式教学的，也要面授辅导，并对学员自学进行指导。理工、医药、政法类专业理论教学总学时数控制在 1800 ~ 2000 学时，实践教学时间一般安排 20 ~ 25 周；文科、师范、农林、财经、管理类专业理论教学总学时数控制在 1400 ~ 1600 学时，实践教学时间一般安排 10 周左右。技艺性较强的专业理论课堂教学时数适当减少，实践教学时间相应增加。每年一般按 40 周安排教学。每周理论教学时间脱产学习为 20 ~ 22 学时，业余学习为 12 学时左右。

1992 年，成人高等专科教育主要是对需要接受高等文化和专业技术教育的在职从业人员，系统地进行高等文化、科学基础知识、专门知识和技术技能教育，培养和造就为社会主义建设服务，德、智、体全面发展，毕业后能较快地适应生产和岗位工作需要的应用型或技艺型高级技术人才和管理人才。

1992 年，成人高等教育包括专科和本科两个层次，学习形式分为脱产和非脱产，脱产为全日制在校学习，非脱产为业余学习包括函授和夜大学。学制本科四年以上、专科二年以上。专科教育学制中规定无论实行学年制或学分制，理工、医药、政法类专业脱产学习的学制不得低于三年，业余（包括函授教育）学习的学制不得低于四年；文科、师范、农林、财经、管理类专业脱产学习的学制不低于两年，业余（包括函授教育）学习的学制不得低于三年。

1993 年，北京市修订成人高等学校学生考核规定，对考试科目、记分制、补考、免修、总结等进行规定，如，学生必须参加课程考核，成绩记入档案，考试科目脱产每学期不得少于三门，业余不得少于两门。考试成绩实行百分制，平时成绩按 20% 记入学科成绩，考察成绩采用“及格”“不及格”记载成绩。1996 年，成绩考核修订将平时成绩占比增加至 30%。

1995 年，北京市举办的成人高等职业教育旨在培养对象具有目标岗位的职业能力的高等技术应用性人才。

1997 年，北京市对成人高校开设新专业提出新的管理办法，包括适应社会发展和经济建设，保证有充足生源，教学计划要经过严格科学论证、确保有能胜任教学计划的教师队伍，以及保障新专业教学的基本设施。同年，北京市开展独立设置成人高等学校特色专业评估，至 1999 年在 36 所高校中评出 41 个特色专业。新办法实施后，1999 年，北京市 12 所成人高校增设和调整专业，如，首都医科大学夜大学新增全科医学和社区护理专科专业，首都联合职工大学新增市场营销、经济法和工商管理专科专业；北京市经济管理干部学院原企业管理专业调整为工商管理专业。

1998年，市教委印发《关于加强成人高等职业教育专业建设的意见》。在成人高校进行教育教学改革立项工作。全市有15所成人高校15项教育教学改革课题立项。1999年，对教改课题进行检查验收，其中7项被评为优秀、5项良好、3项合格。

1999年，北京市实施成人高等学校实施学分制管理，各专业学分制教学计划中课程安排按国家教委规定的全日学制和学习时间执行，即：专科理工、农林医等类专业3年制（业余学习4年）；专科文科、财经、政法、管理等类专业2年制（业余学习3年）；专接本各专业均为2年制（业余学习3年）；高中起点本科均为4年制（业余学习5年）。北京市实施学分制改革后，成人高等学校教育教学包括课堂理论教学和实践教学两部分。按照国家教委对成人高等专科教育规格要求，理工、农林医等类专业教学总学时数为1800 ~ 2000学时，毕业实践教学时间10 ~ 15周；文科、财经、管理、政法等专业教学总学时数1400 ~ 1600学时，毕业实践教学时7 ~ 10周，专接本各专业教学总学时数为1400 ~ 1600学时；本科各专业教学总时数为2600 ~ 3000学时，毕业实践教学时间15 ~ 20周。学生必须参加全部教学环节，包括听课、讨论、作业、实验及实习等，经考核合格，方可取得各科学分。年内，北京市正式批准市财贸管理干部学院、中国人民大学成教学院、市信息职业技术学院、市轻工职业技术学院、市经济管理干部学院、朝阳区职工大学、西城区职工大学、北京广播电视大学8所成人高校自99级开始实行学分制，并使用市成人高校学分制管理软件管理。

1999年，北京市执行教育部高等学校函授、夜大学方式开办本专科教育的管理规定。由市教委和学校主管部门确定举办函授、夜大学教育方式的章程，抄报教育部备案。高等学校函授、夜大学开设的专业须是学校普通本、专科已有的专业。临床医学、外语、艺术等科类的专业举办函授教育必须经教育部审批。

2000年，市教委测试成人高校基础课教学水平。测试包括微积分、计算机、英语3科。其中，微积分测试有54所学校7952人参加考试，及格4618人，及格率58%；计算机测试有28所学校3687人参加，及格2774人，及格率75.24%；英语测试有52所学校13114人参加，通过6193人，通过率47.2%，优秀1001人，优秀率7.6%。

2002年，北京市备案或批准22所高校新设成人高等教育专业62个，如北京建筑工程学院新增业余学习形式专升本层次专业机械工程及自动化，北京联合大学新增业余学习形式高职层次影视传播专业，北京工商大学脱产学习形式高起本层次金融学专业。至2010年，北京市每年公布经北京市备案或批准的新设专业名单，并规定新设专业有两年试办期，试办期间年招生规模控制在60人以内。2010年，北京市备案或批准21所学校新设成人高等教育专业36个。

2007年，北京市总工会职工大学"北京市成人高等职业教育学分银行计划"试点专业开学。试点专业开设石油炼制、化工工艺、化工仪表与电工专业，首期招收燕山石化公司学员100人。至年底，该计划试点专业范围扩大至2个企业，4个专业，招生210人。本年，市教委在继续推行成人高职教育"学分银行"试点同时，成立"北京市成人高等职业教育改革与发展研究"课题组，开展"学分银行计划"课题研究。"学分银行"主要以在岗职工为培养对象，以贴近企业需求、贴近岗位需求、贴近职工自身需求为宗旨，以学历教育为支点，以建立开放式成人高等职业教育为主线，全面推行学分制教学管理模式。"学分银行"突破传统专业限制和学习时段的限制，将学员技能培训认定结果折算当量学分，与学历教育专业课和文化课学分相结合累积学分，达到规定学分后即可获得国家承认的大专学历并颁发毕业证书。

2010年，北京高等学校学历继续教育共开设专业420个，其中，有在校生的专业399个。就在校生规模而言，会计学、工商管理、法学、金融学和计算机科学与技术等专业位居前列。

至2010年，各普通高校成人或继续教育学院以教育部和北京市相关规定为依据，并结合自身情况制定各校成人学历教育成绩考核办法，如，北京工业大学规定，学期课程成绩的评定采用考试（考查）成绩与作业、实验、实习成绩相结合的方式进行，考试成绩与平时作业成绩所占比例由教师自行决定。

四、学籍和学位

1993年，北京市规定新入学新生必须进行复查，复查合格予以注册，学校需建立学籍档案，开学两周内报到，四周未报道者按自动退学处理。新生班级以入学年代定称，如一九九三年入学班级，简称"九三级"。一律不得招收旁听生和试读生。学生转学需经学校同意，报市成教局备案，学生一般不得中途转专业。休学需提出正当理由并有学校批准，休学期间保留学籍，休学时间不超过一年，在校期间只能休学一次，复学编入原专业相应年级学习，并报成人教育局备案。学生上课、考试、实习、实验、毕业设计及其他集体活动实行考勤制，未请假或超过假期按旷课处理，平时迟到或早退三次按一次旷课处理。旷课时数累计超过十二学时以上者，给予纪律处分。脱产学习的学生休学或请事假在同一学期内累计超过一周以上，应由学校通知学生所在单位。对德智体美等方面表现优秀学生授予“三好学生”“优秀学生干部”等称号。对于有不良行为的学生视情节轻重，分别给予警告、记过、留校察看、勒令退学、开除学籍的处分处罚办法由学校制定。留校察看期限一年，被留校察看的学生一年内有明显进步的，学校可撤销处分（原处分应记入本人档案），经教育不改的，开除学籍。学生学习期满，完成规定课程，成绩合格准予毕业，并发毕业证书。若学生毕业前有一门课程不及格，有学校发结业证书，结业半年后至一年内，由学生申请，可补考一次，补考及格可换发毕业证书。学生未学完教学计划规定的全部课程，中途退学时，学习已满两年或学完教学计划规定课程一半以上（不包括开除学籍者），由学校发给肄业证书；并出具已结业课程的成绩证明。毕业班以毕业年代定称，如 1993 年毕业的班级，简称“九三届”。

1996 年 12 月，市教委印发《北京成人高等学校学生学籍管理规定(试行)》，就成人高等学校高中起点的本、专科学生、第二专业学生及专科起点的本科学生相关入学与学籍、成绩考核、转学与转专业、休学退学与复学、纪律与考勤、奖励与处分、毕业结业肄业等作出规定。办法规定，学生转学，由转入学校负责指导学生填写由市教委印制的《北京成人高等院校在校学生学籍变动审批(备案)表》，由转入学校将该学生有关学籍材料及转学表，在本学期的规定时间内报市教委成教处批准备案，并编入相应专业相应年级。学生从外省转入，还需经转出校所在的省（市）级教育行政主管部门批准。本校要求转专业的，由学校于当学期报市教委成教处批准备案。给予学生警告、记过、留校察看、勒令退学，开除学籍处分，须经学校领导审核批准，并报市教委成教处备案。学生毕业应市教委成教处备案，由学校发给由国家教委统一印制并验印的毕业证书。

2002 年 2 月，北京市建立“成人高等教育学籍学历管理信息系统”。系统包括成人高等教育培养单位、市教委、教育部三级。市教委负责北京市“成人高等教育学籍学历管理系统”的推广及信息库建库工作。信息库实现新生入学、注册收费、成绩记载、学籍变动、奖励处分、毕业审核、证书发放等方面网络管理；实现对全市成人高等教育学生综合管理，学历证书电子注册、抽样调研、统计分析等。

2007 年至 2010 年，北京市成人高等学校实行学生学籍管理工作网上办公，即通过“北京地区成人高等教育学籍学历管理工作平台”，实现转学、学籍变动的网上审核、确认、批复的管理模式。

至2010年，国家承认学历的普通高等学校举办的函授、夜大学和大专起点的本科班，独立设置的成人高等学校（包括广播电视大学、职工高等学校、农民高等学校、管理干部学院、教育学院和独立函授学院等）培养的本科毕业生，有权获得学士学位。有权授予学士学位的普通高等学校举办的函授、夜大学和大专起点的本科班培养的本科毕业生申请学士学位，由学校有关部门向学士学位主管部门择优推荐学位申请者名单。独立设置成人高等学校培养的本科毕业生申请学士学位，由学校就近向有权授予学士学位的普通高等学校学位工作部门择优推荐学位申请者名单，由普通高等学校学位工作部门统一办理毕业生学士学位。授予成人高等教育本科毕业生学士学位时，证书需注明办学形式、学士学位类别。

表2–1　　1991年至2010年北京成人高等学校统计表　　单位：人

年份	毕业生	招生	在校生	专任教师
1991	17569	12221	32539	6892
1992	11468	12517	52277	6551
1993	10878	19909	41945	5432
1994	12586	23218	51682	7463
1995	15474	23586	56529	6191
1996	18040	28733	80576	8185
1997	35247	30959	69911	8249
1998	20150	27108	72633	7895
1999	23585	26868	71033	7281
2000	21562	23095	61723	6723
2001	72914	130253	315077	5938
2002	77453	129948	353531	3841
2003	96174	125455	360628	3537
2004	122540	124028	262871	3261
2005	96337	113803	261955	3127
2006	58494	108454	309519	1763
2007	98472	107730	304925	1590
2008	93829	110648	312289	1553
2009	123489	107039	281490	1623
2010	108122	107020	266271	1569

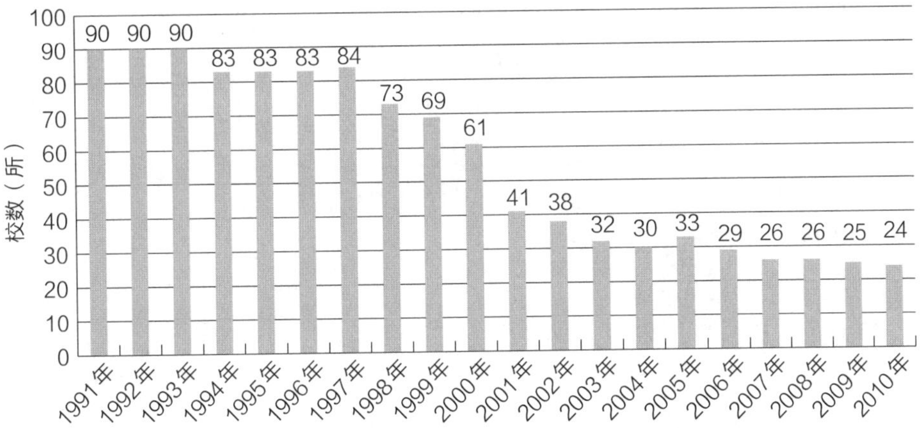

图 2-1　1991 年至 2010 年北京成人高等学校数量变化图

第二节　远程开放教育

一、学校设置

1991 年，北京市远程教育为单向非实时的广播电视教育，由中央广播电视大学和北京广播电视大学承担。

1996 年，清华大学提出开展双向实时远程教育的设想。1997 年 6 月，清华大学开始筹建远程教育卫星电视传输网，同年 9 月初步建成，并在全国 20 多个省、市、自治区建立 40 多个远程教育校外站，通过卫星开始远程教育试播。

1999 年，为适应现代远程教育发展的需求，教育部在全国部分高校启动现代远程学历教育（网络教育）试点工作，首批全国试点学校 4 所，北京有清华大学和北京邮电大学，并批准中央广播电视大学开展人才培养模式改革和开放教育试点。教育部提出现代远程教育和开放教育发展目标是，以中国教育和科研计算机网（CERNET）和卫星电视教育网为基础，初步建立现代远程教育网络，一批高校和地区利用网络开展远程教育，继续开发教育软件和资源信息建设，培养软件产业，通过试点，探索适应中国国情的现代远程教育教学模式、管理体制和运行机制。

2002 年，北京市获得教育部批准的现代远程学历教育试点的普通高校 16 所，开展人才培养模式改革和开放教育试点 2 所。

2003 年，市教委公布年度高等教育学校在京设立现代远程教育校外学习中心审核结果。来自 28 所现代远程教育试点学校的 62 个校外学习中心参加评审，其中，36 个学习中心通过审核，8 个停止继续办学，18 个不予批准。

2005 年，市教委完成“人才培养模式改革与开放教育试点”项目评估。该评估采用实地考察方法，按照试点项目总结性评估指标及标准。来自北京广播电视大学以下 41 个试点单位参加评估，其中，合格试点单位 37 个、限期整改单位 3 个、暂不作出结论 1 个。

2010 年，中央广播电视大学被国务院办公厅确定为国家开放大学建设试点单位。该校在改革人才培养模式、提高高等教育人才培养质量方面开展试点。6 月 4 日，该校向教育部申请开展探索开放大学建设模式试点，成立国家开放大学建设工作组，制订国家开放大学顶层设计及建设方案。至年底，经过调研和征求意见，形成《国家开放大学建设方案》，并报国家教育咨询委员会、教育部审议。国家开放大学是以中央电大和地方电大为基础进行组建，以现代信息技术为支撑，面向全体社会成员开展学历和非学历继续教育，办学网络立体覆盖全国城乡，以促进学习型社会形成为宗旨。

2010 年，北京市获得教育部批准现代远程学历教育试点的普通高校 19 所，分别是：清华大学、北京大学、中国人民大学、北京师范大学、北京邮电大学、北京交通大学、中国农业大学、北京理工大学、北京航空航天大学、对外经济贸易大学、中国传媒大学、北京外国语大学、北京语言大学、北京中医药大学、北京科技大学、中央音乐学院、中国石油大学（北京）、中国地质大学（北京）和中央广播电视大学，各校均在全国设有学习中心。开展人才培养模式改革和开放教育试点 2 所，分别是中央广播电视大学和北京广播电视大学。广播电视教育系统包括中央电大、北京电大以及 54 个教学单位（工作站）。

二、招生考试

1991 年至 1999 年，北京市远程学历教育只有广播电视教育一种形式。广播电视大学除延续 20 世纪 80 年代政策以外，还进行多层次多途径的开放办学探索。从半封闭式办学方式向开放式转变，单一大专层次的学历教育向多功能转变，开展自学视听生制度、开放专科起点的本科教育和举办专科层次的大学基础课程教育试点。招生对象是在职职工、中国人民解放军官兵、学校教师、城乡知识青年，入学考试采取统一水平测试，由中央电大统一命题，北京电大组织考试。1999年，开放教育试点改革后，电大招生采取注册制，本科教育试点的注册对象为具有国民教育系列高等专科毕业及以上学历者；专科教育试点的注册对象为普通高中、职业高中、技工学校和中等专业学校毕业者。试点电大组织学生报名，进行入学水平测试，择优注册，保证生源质量。申请注册学生在市教委进行资格审核，北京电大将审核合格后的学生名单报中央电大，并作为毕业审核的依据。2010年，中央广播电视大学开放教育招生要求为，本科专业要求具有国民教育系列相同或相近专业高等专科（含专科）以上学历者，本科护理学专业招生对象限于护理学专科毕业、持有护士执业资格证书的在职在岗卫生技术人员；专科专业：具有高中、职高、中专、技校及以上学历者，课程开放专科专业及“一村一名大学生计划”专业可接受具有初中以上学历者注册单科课程学习，专科护理学、药学专业招生对象限于中专毕业、专业对口的在职在岗卫生技术人员。其中，报读护理学专业的学生必须持有护士执业资格证书，药品经营与管理专业招生对象限于在医药行业从事药品经营与管理的在职在岗人员。

1999年现代远程学历教育试点高校（网络教育）开始，至2010年，试点高校根据本校已经具备的学历学位授予权资格，与学校职能部门共同商定人才培养方案，开展本科（包括主修专业、辅修专业、第二学士学位、专升本），高职高专等层次的学历学位网络教学工作，有关学位授予和毕业资格审查学校负责。专科招生对象为具有高中毕业证书或同等学力的社会从业人员，专升本招生对象为具有国民教育系列专科毕业证书及以上的社会从业人员。招生可以通过国家统一的考试来录取学生，也可自行组织考试录取学生，招生形式和入学标准由试点学校自行规定。如，中国地质大学（北京）规定，报考专科层次且具有国民教育系列专科及以上学历者，报考专升本层次且具有国民教育系列本科及以上学历者可免试入学，其他人员必须参加该校统一组织命题的入学测试；测试科目专科为语文、数学综合（满分120分），考试时间150分钟，专升本文科类为大学语文、大学英语综合（满分120分）考试时间150分钟，专升本理科类为高等数学、大学英语综合（满分120分）考试时间150分钟；考试大纲及复习参考为高等教育出版社出版的《全国各类成人高等学校招生复习考试丛书及考试大纲》；该校依据测试成绩划定录取分数线，从高分到低分择优录取。

三、教学组织和实施

1991年，北京广播电视教育延续20世纪80年代政策实行学分制和学年制，

1999年，试点改革后，广播电视教育（开放教育）全面实施学分制，学籍自注册入学起八年内有效，其中，二年制专科、专科起点本科专业最短学习年限为两年半。

20世纪90年代，北京广播电视教育专业由中央电大举办全国统一开设的专业科类，制订相应的教学计划和统一开设课程的教学大纲，负责编审统一开设课程的印刷教材，制作视听教材，并出版发行；北京电大举办北京市统一开设的专业，制订相应的教学计划，拟订自行开设课程的教学大纲，编写自行开设课程的印刷教材及教学辅导资料，制作自行开设课程的视听教材。

北京广播电视教育面向全社会实施开放教学，采取视听、自学、函授、面授辅导相结合的教学形式。以视听和自学为主，教学过程采用全国统一开设课程和自行开设课程相结合，以全国统一开设课程为主的方式。21世纪开始，北京广播电视教育（开放教育）由中央电大与普通高校合作，根据试点专业教学实施方案和教学大纲，组织设计、编制必修课程的文字、音像和计算机网络等多种媒体教材；利用广播、电视、和计算机网络等多种手段开展教学和教学辅导工作，中央电大安排音像课的播出，负责网络课程的运行管理和文字、音像等多种媒体教材的征订、发行，为北京电大和学生提供多种形式的教学服务。同时，北京电大与北京地区普通高校合作，组织实施并完成必修课程的教学任务，同时组织编制、参与设计或选定限选课程和自开课程的多种媒体教材，制定限选课和自开课程以及集中实践环节的教学方案并组织实施。

北京广播电视课程综合成绩一般由形成性考核成绩和终结性考试（期末考试）成绩两部分组成。形成性考核成绩一般不宜超过课程总成绩的20%(英语、计算机等实践性教学要求较强的课程可适当增大比例，但不宜超过30%)。学生的课程总成绩由形成性考核成绩和期末考试成绩两部分按比例折算后相加而成，采用百分制记载，100分为满分，60分以上(含60分)为及格，不及格者可参加该课程下期考试，重考课程成绩只计期末考试成绩，不再加平时成绩。中央电大制定每学期全国统一考试的指令性考试计划，规定考试科目、考试时间、考试方式、考试要求。北京电大依据此计划，结合北京统一考试课程制定考试计划。中央电大负责组织命制全国统一课程考试的试卷、答案及评分标准。北京电大负责命制省级统一课程考试的试卷、答案及评分标准。北京电大负责考试的组织实施，成立考试工作委员会，领导本省课程考试的工作，负责对各考点考试工作进行管理和监督，负责试卷评阅以及成绩的合成、发布等工作，处理课程考核中出现的重大问题。

1999年，北京高校试点现代远程学历教育（网络教育），实行非全日制教育和弹性学分制。根据学科专业特点要求，最短学习年限（从注册到毕业的最短时间）高起本五年，高起专和专升本两年半或三年，修业年限一般不超过五年。学历教育的学分有效期和修业年限由学校决定。各校可根据社会需求，在本校已设置专业范围内选择开展网络教学的专业，社会急需的现行本科专业目录之外的新专业，由学校提交专业论证报告，报教育部备案后设置，并由各试点进行高校教学资源课程建设，由主讲教师和教育技术专家组成创作组，自主开发建设具有本校特色的网络教育课程，同时引进国家精品网络课程等优质的共享资源。网络教学通过网络教学的方式来完成学历和学位教育的教学工作，一般不进行面授。包括教师辅导、自主学习和课程作业，教师辅导是教师通过教学平台中的导学栏目、答疑栏目、实时交互系统或集中辅导等方式对学生进行学习指导，自主学习是学生利用学院提供的网络课件、纸介教材、光盘以及网上导学资料进行自主学习，课程作业采用主观在线作业和客观在线作业两种形式。网络教育成绩考核包括课程考核和毕业论文，课程考核成绩由平时作业成绩和期末考试成绩组成（实践类课程应含实践成绩），根据课程特点不同，课程考核方式采取开卷、闭卷、课程设计、在线考试等多种形式，各学校一般允许重修、补考、缓考，公共课参加全国统考。专升本层次学生需进行毕业论文写作，论文写作环节的全部过程均在教学平台上实现，教师通过平台对学生的论文进行指导和批阅。至2010年，北京地区现代远程学历教育（网络教育）试点高校以上述规定和办法为依据，并结合自身特点制定相应规定。如，北京航空航天大学规定专科（高中起点专科）和本科（专升本）学制2.5年，学分共计80分，学习期限为两年半至五年，中国地质大学（北京）规定专科（高中起点专科）和本科（专升本）修业年限为两年半至五年。中国石油大学（北京）设置石油工程、油气储运工程（城市燃气方向）和化学工程与工艺等特色专业在内的18个专业，15个专业涵盖专科（高中起点专科）和本科（专升本）层次，3个专业为专科（高中起点专科），其中，石油工程专业设置工程力学、钻井工程、采油工程、石油工程概论、试油与试采、工程流体力学等课程。

自2000年起，中央电大会同合作高校组织专家按照国家高等教育的培养目标和规格统一制订试点专业的教学计划，经教育部审批后下达执行。必修课程、限选课程和集中实践环节的教学大纲或要求根据教育部颁布的课程教学基本要求统一制订。北京电大按照统一的教学计划制订实施性教学计划，报中央电大备案。

2006年开始，学生在专业教学计划确定的课程范围内进行课程注册。课程注册按学期进行。学生每学期所学课程均须办理课程注册。学生根据教学点的教学安排，在导学教师的指导下，在专业课程范围内自主选择拟修课程。未注册的课程，学生不能参加该课程的学习、形成性考核和终结性考试。

2007年，教育部巩固现代远程教育试点工作成果，开展网络教育精品课程建设。至2010年，北京高校共有84门课程入选网络教育国家精品课程。

表2-2　北京普通高校网络教育国家精品课程（84门）一览表

2007年19门	2008年23门	2009年19门	2010年度23门
北京大学 邓小平理论概论 陈占安 微观经济学　刘文忻 北京交通大学 计算机应用基础 王移芝 北京师范大学 远程教育学基础 （开放和远程教育） 陈丽 北京外国语大学 项目设计与论文写作 —英语教育　顾曰国 北京邮电大学 高等数学　牛少彰 电路分析（电路分析 基础）上官右黎 中国传媒大学 写作与语言艺术 李佐丰 中国古典文学（下） 白岚玲 电视原理　高厚琴 中国农业大学 动物解剖与组织胚胎 学　滕可导 中国人民大学 西方经济学　郝成义 中央广播电视大学 现代货币金融学说 李　健 市场营销学　刘志敏 流通概论　夏春玉 中国法制史　吴丽娟 英语Ⅰ　刘黛琳 中国教育简史 俞启定　武正红 小学语文教学研究 胡若予	北京大学 中国现代文学名著导读 商金林 线性代数　冯荣权 北京交通大学 c语言程序设计　赵　宏 铁路行车组织　何世伟 北京理工大学 多媒体技术　李小平 数据结构与算法设计 高　飞 北京师范大学 战略人力资源管理 王建民 民俗学　万建中 学校管理学　高洪源 北京邮电大学 计算机通信网　文福安 对外经济贸易大学 世界贸易组织概论 薛荣久 商务英语写作　常玉田 中国传媒大学 中国古典文学（上） 刘丽文 电视摄影构图　李兴国 非线性电子线路 沈　琴 中央广播电视大学 劳动法学　叶静漪 国际法（国际公法） 梁淑英 公司财务　荆　新 货币银行学　魏建华 西方经济学　侯荣华 综合英语系列课程 刘占荣 经济数学基础　李林曙 离散数学　李伟生	北京大学 财政学　刘　怡 北京航空航天大学 高等数学　李心灿 北京交通大学 大学英语　宫玉波 计算机安全　韩　臻 企业物流管理　赵启兰 北京理工大学 项目管理　骆　珣 北京师范大学 教育学原理　石中英 外国文学作品选读 刘洪涛 北京中医药大学 中药学　钟赣生 对外经济贸易大学 商务英语　谢毅斌 营销学原理　傅慧芬 中国农业大学 兽医寄生虫学 索　勋 农业推广学　高启杰 中国石油大学（北京） 石油地质基础 朱筱敏 中央广播电视大学 Visual Basic 程序设计 王春凤 医学生物化学 黄如彬 高级财务会计 杨有红 中央音乐学院 西方音乐史　余志刚 中国传统器乐 袁静芳	北京大学 影视批评　戴锦华 行政管理学　周志忍 北京广播电视大学 北京广播电视大学 多媒体技术基础及应用 钟玉琢 人力资源管理　姚裕群 北京交通大学 信号与系统　陈后金 多媒体技术应用　赵　耀 铁路运输设备　宋　瑞 北京理工大学 汽车发动机原理构造及电控 高　利 北京师范大学 普通心理学（下）　陈宝国 古代文学史（一）　尚学锋 北京邮电大学 移动通信　曾志民 数字通信原理　勾学荣 数据结构(JAVA)　蔺志青 北京语言大学 初级日语（1）　朴贞姬 中国文化概论　李庆本 对外经济贸易大学 跨文化交际导论　窦卫霖 国际贸易　张　玮 公司理财　蒋　屏 中国传媒大学 摄影技术　毕根辉 中国农业大学 农村社会学　朱启臻 中国人民大学 破产法　王欣新 中国石油大学（北京） 油层物理　杨胜来 中央广播电视大学 政治学原理　燕继荣

2010年，中央电大和北京电大学生主要利用文字教材、录音教材、录像教材等多种媒体教材和由计算机网络、卫星电视网络、电信网络有机结合的数字化、多媒体、交互式远程教学平台自主学习，学生可以在家里通过因特网和中央电大及各级电大远程教学平台随时点播和下载网上教学资源，利用网上直播、双向视频系统等网络交互手段，与同学、教师进行学习交流，也可以到教学点参加集中面授学习或参加小组学习。

同年，中央电大开设经济学（经济分析方向）、金融学、法学（含行政执法方向、双语）等27个本科专业；国际经济与贸易、法学（含双语）、护理学等66个专科专业。专业教学计划中的主干必修课程（占全部课程60%以上）由中央电大统一开设，执行统一教学大纲、统一教材、统一考试和统一评分标准；本科各专业开设的英语、计算机应用基础两门课程由教育部统一组织考试；其他课程由北京电大组织教学与考试。

四、学籍管理

20世纪90年代，申请参加北京广播电视学习者，应按照当地试点电大规定的报名时间和要求，携带所需有效证件，到当地试点电大指定的报名点办理报名验证手续。试点电大所在地的教育行政部门对经过入学水平测试的报名者进行审核，合格者可持有关证件到试点电大办理正式注册手续，并由试点电大发给中央电大统一印制的学生证。试点电大按中央电大统一的格式和要求建立完整的学生学籍档案，包括学生报名注册登记表、个人基本情况、注册专业、学习课程和考试成绩记录表等。学籍档案采用计算机和文字管理方式，分别存于试点电大和中央电大学籍管理部门，在8年内实施有效管理，作为学校和各级教育行政部门查询、检查、审核学生毕业资格的依据。北京广播电视电大学生因工作调动、家庭搬迁等特殊原因需要转学时，应由本人提出申请，经转出和转入的试点电大同意后，方可办理转学手续。转出北京电大要将学生学籍档案交给转入电大，由转入电大对学生重新编排学号。学生转学应报中央电大和当地教育行政部门备案。专科层次的学生转专业可不受专业科类的限制，本科层次的学生转专业应在同科类相近专业间转换。转专业时，应由本人提出申请，经试点电大审核同意后，方可办理转专业手续。已考核合格的相同课程可以免修免考。学生申请退学，应向试点电大提出退学申请，经审批后办理退学手续，并将退学学生的情况报中央电大和市教委备案。学生在发生转学、转专业、学年未注册等学籍异动时，其原学号不变；因转学、退学等原因出现的空缺学号不得由其他学生顶替。中央电大和北京电大对学业和操行等方面表现优秀或在其他某一方面表现突出的学生，通过通报表扬、授予奖状、颁发奖品、设立奖学金等形式予以表彰、鼓励。对有违法、违纪、违规行为的学生，中央电大和北京电大视其情节轻重给予批评教育或纪律处分。处分包括警告、严重警告、记过、留校察看、开除学籍 5 种。中央电大、省级电大作出奖励、处分及撤销处分的决定，记入学生档案。对在职的学生，其奖励、处分及撤销处分的决定须通知其所在工作单位。

1999 年，现代远程学历教育（网络教育）开始后，网络教育新生应持录取通知书和学校规定的有关证件，按时到所在学校指定的校外学习中心办理入学报到手续。未经请假而不按时报到者（一般为超过报到日期两周），取消入学资格。新生报到后必须在网络教育学院网站上核对报考时上传的个人信息资料（一般为一个月内），确保个人信息准确。每学期初，学生必须在指定时期内到所属的校外学习中心办理缴费（或网上缴费）、注册手续。未按规定缴费者，学校不予注册，不予在线学习，不予参加期末考试，同时自动转为休学处理。网络教育学生原则不允许转学。休学时间一般不超过一年，需要继续休学的学生需向学校申请并确认继续休学，新生申请休学需先缴费注册后办理休学手续。休学学生要求复学，须向学校提出书面申请，经审核允许注册。要求退学的学生，须向学校提出书面退学申请，报学校批准后，办理退学手续。网络教育试点高校一般按照学校相关制度制定奖惩标准，一般包括优秀学生奖励和违规学生惩罚。

2006 年，中央电大开始的新规定中明确新生入学注册后，姓名、性别、出生日期、身份证号等基本信息不能随意更改。学生可自愿退学，自愿退学的学生可重新报读中央电大，被录取后，已获得的学分，可按中央电大和省级电大免修免考的有关规定进行课程或学分替换。开除学籍的学生，不再向原单位通报，同时，两年后可重新申请报读中央电大，被录取后，已获得的学分，可按中央电大和省级电大免修免考的有关规定进行课程及学分替换。

2010 年，北京市广播电视教育（开放教育）学籍管理继续执行 2006 年规定。

五、毕业和学位授予

20 世纪 90 年代，北京市广播电视教育（开放教育）以专科教育为主，成绩合格者由北京电大负责颁发毕业证书、单科证书、结业证书。进入 21 世纪，电大开放教育学生修满所修专业教学计划规定的课程，达到最低毕业总学分，实践教学环节考核合格，思想品德鉴定符合要求，即准予毕业。中央电大负责必修课程的学分审核，北京电大负责必修课程、限选课程和选修课程的学分审核。达到毕业要求的学生名单，由北京电大统一上报中央电大。专科专业和本科金融学、计算机科学与技术两个专业由中央电大审核，经市教委验印后，由中央电大颁发国家承认的专科或本科学历毕业证书；本科英语、法学两个专业由中央电大和合作高校共同审核，经市教委验印后，由中央电大和合作高校共同颁发国家承认的本科学历毕业证书及学位证书。毕业审核和证书发放每年安排两次(4月和10月)。

1999年，现代远程学历教育（网络教育）开始后，网络教育试点高校具有正式学籍的学生，完成所学专业培养方案规定的教学、实践环节，考核及格，修满规定的学分，专升本学生在读期间必须通过全国现代远程教育试点学校网络教育公共课统一考试，经毕业审核合格，准予毕业，发给毕业证书，注明网络教育。达到各学校设定的学位授予标准的本科毕业生可授予相应学位。

2006年，开放教育学生在学籍有效期内取得教学计划规定的最低毕业总学分，且学习时间不低于教学计划学制规定年限，思想品德经鉴定符合要求，即达到毕业要求，经本人申请准予毕业，并颁发国家承认的毕业证书。毕业证书由中央电大统一印制并颁发。毕业证书基本内容包括：姓名、性别、出生日期；专业、学制、层次（专科、专科起点本科、高中起点本科等）；毕业时间，每年1月以前（含1月）达到毕业要求并申请毕业的为当年1月，每年7月以前（含7月）达到毕业要求并申请毕业的为当年7月；本人近期免冠正面照片并骑缝加盖学校钢印；学校名称及印章，校长签名；发证日期及证书编号（注册证号）。中央电大于每年2月15日至6月15日向1月以前（含1月）达到毕业要求并申请毕业的学生以及8月1日至11月30日向7月以前（含7月）达到毕业要求并申请毕业的学生颁发毕业证书。中央电大每年7月将当年1月、每年12月将当年7月颁发的毕业证书，报教育部进行电子注册。本科毕业生达到所修专业学位授予要求，可在规定时间内向授予学位的高校申请学士学位。未通过学位授予高校学位审核者不再补授学士学位。毕业证书、学位证书遗失，不再补发。经学生提出申请，可出具毕业证明书、学位证明书，证明书与原证书具有同等效力。毕业证明书由中央电大出具。学生办理毕业证明书须向省级电大提出申请。学位证明书由学位授予高校出具。

2007年7月1日以后录取的现代远程学历教育（网络教育）本科学生，毕业时授予学士学位标准与授予成人高等教育本科毕业生学士学位的标准完全一致，授予成人高等教育学士学位并相应颁发成人高等教育学士学位证书。

至2010年，北京市现代远程学历教育（网络教育）和开放教育毕业和学位授予政策保持不变。

表2–3　2001年至2010年北京网络教育学生情况统计表　单位：人

年份	毕业生数		招生数		在校生数	
	专科	本科	专科	本科	专科	本科
2001	—	—	2781	30025	3411	42512
2002	—	588	11906	57935	14801	102399
2003	772	6545	58334	81743	47774	164271
2004	5093	31590	27492	63047	69782	192672
2005	14936	58427	39327	58453	97491	198706
2006	35909	22585	53469	54985	156141	153378
2007	50059	48413	51415	56315	147432	157493
2008	47097	46732	54087	56597	148124	164165
2009	59383	64106	51359	55680	130490	151000
2010	53894	54228	49023	57997	119216	147055

说明：“—”无统计项

第三节　高等教育自学考试

一、类别和组织

1981年，北京市在全国率先举办高等教育自学考试。

1991年，北京市高等教育自学考试委员会领导和组织北京市高等教育自学考试。其目标是通过国家考试促进广泛的个人自学和社会助学活动，推进在职专业教育和大学后继续教育，造就和选拔德才兼备的专门人才，提高全民族的思想道德、科学文化素质，适应社会主义现代化建设的需要。中华人民共和国公民不受性别、年龄、民族、种族和已受教育程度的限制，均可参加高等教育自学考试。市自考委下设北京市高等教育自学考试办公室，负责北京实际拟定开考专业、指定主考学校，组织北京开考专业考试工作，负责考籍管理、颁发单科合格证和毕业证书，指导北京社会助学活动。1994年，北京市各区县设立高等教育自学考试办公室。

1992 年，国家教委批复同意北京市试点高等教育学历文凭考试，1993 年开始首次考试。该考试遵循“应用型、职业型”专业的培养目标和培养较强的动手能力与直接上岗能力的教育规律，研究、建立学历文凭考试的考试要求和考试方法，主要是培养能直接上岗的应用型、职业型人才；是对尚不具备独立颁发国家承认学历文凭的民办高校的一种学历认证考试。它是社会力量办学与国家考试相结合，教考分离，宽进严出的全日制高等教育，其办学主体是个人或民间机构出资建立的民办高校，是民办高等教育的一种，主要招生对象为刚从中等学校毕业出来的想接受高等教育的学生。学历文凭考试只有专科层次，没有本科层次，毕业证书国家承认其学历。2004 年，教育部发文取消高等教育学历文凭考试，各试点民办学校于 2005 年起停止招生。

1997 年，北京市高等教育自学考试委员会与市劳动局合作举办北京市高等职业技术专业自学考试，面向北京市高考落榜生开设培养生产、服务、管理第一线的实用人才。

2003 年，根据全国自学考试办公室的意见，将高等教育自学考试高等职业技术教育专业改为高等教育自学考试应用技术教育专业。

至 2010 年，北京市高等自学考试根据社会需求和开考条件设置开考专业，面向农村、行业、区域开设应用性、职业性的专业，重点培养在生产、管理、服务第一线工作的应用型人才。

二、专业设置和考试办法

20 世纪 90 年代初期，北京市高等教育自学考试开设专业包括国家开考专业和北京市自行设置的开考专业。其中，市自考委与市卫生局、统计局、财政局、公安局、武警部队等部门联合，先后开设会计与统计核算、护理学、中医学、经济计算机管理、国际金融计算机管理、刑事侦查、公安管理等行业需要的专业，至 2004 年，开考行业委托的自学考试专业 30 个。1993 年，北京市共有 15 所民办高校试办高等教育学历文凭考试专业 16 个。2005 年，北京市高等教育自学考试委员会与有关行业部门合作，以委托开考的方式，新增设物流管理、采购与供应管理、餐饮管理、劳动和社会保障、地铁电动客车技术、地铁供用电技术、地铁运输与管理、调查与分析等高等职业技术类型的专业。2010 年，北京市共开设各类自考专业 112 个。

表 2–4　　北京市高等教育学历文凭考试专业情况一览表

开考时间	专业名称（专科）
1993 年	法律、文秘、英语、工商企业管理、日语、国际贸易、财务会计、金融、旅游管理、中医、工业与民用建筑、应用电子、计算机应用、艺术设计专业服装设计方向、艺术设计专业装潢设计方向、艺术设计专业室内设计方向
1997 年	营养学
1998 年	通信工程
2000 年	动物科技
2001 年	航空服务、电子商务
2002 年	计算机网络、体育产业管理、市场营销
2003 年	物流管理、生物技术、武术

1991 年起，北京市高等教育自学考试各专业考试计划的安排，报考专科（基础科）一般为三至四年毕业，本科一般为四至五年毕业的情况安排考试。考生按照专业考试计划的要求，报考每门课程考试。课程考试合格，发给单科合格证书。不合格者，可参加下一次该门课程的考试。报考人员可在区、县的开考专业范围内，自愿选择考试专业，部分委托专业要求对报考对象作职业上必要限制。提倡在职人员按照学用一致的原则选择考试专业。各级各类全日制学校的在校生不得报考。1996 年，高等教育自学考试增加实践性环节考核，包括实验、实习、课程设计、毕业论文（设计）和其他专门技能等。同时，专业考试计划实行课程学分制。专业课程设置分为公共基础课、专业基础课、专业课和实践性环节四类。公共基础课、专业基础课、专业课三类课程的学分比例大致为 3∶4∶3 或 2∶5∶3。专科专业在总体上与普通高等专科学校同类专业的水平相一致。各专业总学分数不得低于 70 学分，考试课程不得少于 15 门，其中理论考试课程门数一般不得少于 14 门。本科专业在总体上与普通高等学校本科同类专业的水平相一致。本科分为两段，即基础科段和本科段。基础科段可直接与本科段相衔接。本科累计总学分数（不包括毕业论文、毕业设计的学分数）不得低于 125 学分，理论考试课程不得少于 20 门。其中，基础科段的学分数不得低于 70 学分，理论考试课程一般不得少于 12 门。2006 年至 2010 年，各专业考试计划不再实行“五年调整一次”，按照全国自考办的要求和北京市具体情况及专业知识结构变化情况不定期进行调整。每调整一次即为该专业新的执行期。凡在执行期中的自考课程无论在哪个专业、专科还是本科，只要同一门课（名称相同、代码相同、学分相同）即可在自学考试各专业、各层次中通用。

三、考务和考籍管理

1991 年至 2010 年，北京市高等教育自学考试命题根据全国自学考试委员会安排，分别采取全国统一命题、区域合作命题、省级命题三种办法，并逐步建立题库，实现命题标准化。各级命题采取遴选和聘请命题教师、组织专家队伍，并确保安全保密。高等教育自学考试一年举办 2 次，上半年 1 次，下半年 1 次，时间为 4 月和 10 月，部分专业在 5 月和 11 月安排证书课程考试。北京市高等教育学历文凭考试一年举办 2 次，上半年 1 次，下半年 1 次，时间为 1 月和 7 月。高等职业技术专业自学考试公共基础课参加 4 月和 10 月的全国统一考试，专业基础课和专业课每年 1 月和 7 月各举办一次。统一考试笔试成绩按百分计，60 分为及格。实践环节考核一般按 5 分制，3 分为合格。北京市高等教育自学考试考点一般设在全日制中学，原则上不得设在自学考试的助学、办学单位。实践性环节考核地点，设在主考学校，或其他高等院校、科研院所及大型企事业单位。高等教育自学考试考生取得一门课程的单科合格证书后，市自考办为其建立考籍管理档案。考生的成绩档案由市自考办统一管理。考核结束后，主考学校或有关单位将考核资料、考核成绩册等上交市自考办。每次考核结束后，向考生公布考核成绩。考核成绩合格者，由市自考委颁发考核合格证。期间，1996 年增加的实践性环节考核命题由市自考委组织主考学校、其他高等学校和有关单位负责；1998 年北京市高等教育自学考试考籍实施计算机管理。

四、主考学校和社会助学

1992 年，经市高等教育自学考试委员会审议，任命一批院校、专业、课程委员，负责主持考试工作；制订教学计划，提出专业的考试科目、学习书目和实习、实验、毕业论文、设计的要求；掌握统考课的命题，主持阅卷或组织专业课的考试工作；组织编审考试大纲；在考试委员会颁发的单科合格证书和毕业证书上副署用印。

1993 年，高等教育学历文凭考试开始，由尚不具备颁发学历文凭资格的民办高校学生组织的学历认定考试，凡经市成教局批准的全日制面授民办高等学校经审批均可举办。中华社会大学大学等 15 所民办高校试办。至 2005 年体制招生时，全市共有 42 所民办高等教育机构招生。

1998 年以后，企业、事业单位和其他社会力量，根据高等教育自学考试的专业考试计划和课程自学考试大纲的要求，通过电视、广播、函授、面授等多种形式开展助学活动，受市自考办的指导普通高校、成人高校举办高等教育自学考试社会助学机构及其他教育培训活动，应指定校内一个部门归口统一管理，其他二级单位不得单独面向社会招生或举办教育教学活动；高等教育自学考试机构和主考院校，不得自行举办或与其他教育机构联合举办高等教育自学考试社会助学机构，也不得采用委托、承包方式为其他社会力量举办的教育机构举办高等教育自学考试助学活动。2000年，各主考学校相继成立自学考试办公室。

2004年，北京市制定的民办自学考试助学学校标准规定，举办培训学校应依法组建学校理事会、董事会或者其他形式的决策机构；民办教育培训学校须配备专职校长，需配备专、兼职教师队伍。设置民办培训学校须有与办学规模相适应的、稳定的、符合安全规范的教学、实验、办公用房，建筑面积一般不少于300平方米；租借教学、实验、办公用房的，须签订具有法律效力的租借合同，租借期不少于2年；必须配备与办学内容相适应的教学仪器设备、图书资料和必要办公设备。

2010年，北京市高等教育自学考试主考学校有北京大学、中国人民大学、北京师范大学、北京理工大学、清华大学、北京外国语大学、北京邮电大学、对外经济贸易大学、中国传媒大学、中央财经大学、北京中医药大学、北京交通大学、北京林业大学、北京协和医学院、首都师范大学、首都医科大学、北京电影学院、北京建筑工程学院、北京联合大学、中国人民公安大学、北京教育学院、北京财贸职业学院、北大方正软件技术学院和北京农业职业学院。

五、毕业和学位授予

1991年至2010年，参加高等教育自学考试完成专业考试计划规定的全部课程，含笔试、非笔试、实践环节考核、毕业设计、毕业论文等，本科接考、免考等符合规定，思想品德经鉴定合格的自考生，由北京市自考委颁发统一印制的专科或本科毕业证书，国家承认其学历。

1991年至2005年，考生的思想品德鉴定，在职人员由所在单位负责，非在职人员由所在街道办事处或乡镇人民政府负责。

2006年，因考生群体变化，对考生的思想品德鉴定由区县自学考试办公室统一负责。

2008年，北京市42所民办高等教育机构25个专业的2167名考生申报毕业，其中，2135 人通过毕业复审。至此，北京市高等教育学历文凭考试全部完成。

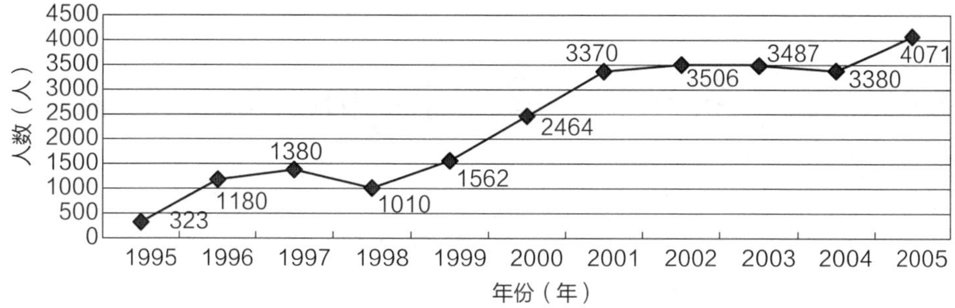

图 2-2　1995 年至 2005 年北京市学历文凭考试毕业生人数

至 2010 年，高等教育自学考试应考者毕业时间，为每年的 6 月和 12 月。符合相应学位条件的高等教育自学考试本科毕业人员，向有学位授予权的主考学校提出申请，由主考学校依照《中华人民共和国学位条例》的规定，授予相应的学位。

2010 年，北京市共完成高等教育自学考试 28 次，开考专业 112 个，其中专科专业 61 个、本科专业 51 个，含毕业证书和学位证书“双证书”专业 19 个。毕业生 10691 人，其中，本科生 4174 人、专科生 6517 人，3413 人获取学士学位。

第三章　成人非学历教育

北京市干部职工岗位培训和农村劳动者实用技术教育由北京市政府统一领导，市教委、市农委等多部门负责实施，以各企业职工学校、各类成人学校、职业学校、高等学校以及民办机构为依托，由相关委办局和企业组织开展。成人非学历教育是我国教育事业的重要组成部分，是经济建设、社会发展和科学技术进步的必要条件。1994 年，北京市连续实施成人教育培训工程，内容涉及紧缺人才培训、乡镇企业职工培训、社区教育、现代企业教育、农业现代化培训等。在企业，成人非学历教育提高在岗职工的工作能力、职业转换能力和创业能力，在农村提高农村居民和乡镇企业职工的素质，培养专业人才，促进农村经济的发展。在社区，成人非学历教育提高社区全体成员的综合素质和生活质量，促进首都经济与社会发展。2010 年，北京市有职工培训学校（机构）192 所，教学班（点）4922 个，培训 188863 人。

社区学院 9 所，形成以社区学院为龙头，街道社区教育中心和各类中等学校及社会力量办学机构为主体，居委会市民学校为基础的社区教育网络。农村成人文化技术培训学校（机构）1878 所，近 40 万农民参与各类实用技术培训。

第一节　岗位培训和专业技术教育

1991 年，北京市恢复干部教育工作领导小组，并制定《1991—1995 年北京市干部培训规划》。同年，《北京市职工教育条例》颁布，条例所称职工教育是指对北京市全民所有制、集体所有制企业（含乡镇企业）事业单位在职人员进行的政治、文化、科学、技术、业务方面的教育和培训；明确职工教育是我国教育事业的重要组成部分，是经济建设、社会发展和科学技术进步的必要条件；规定方针和任务为必须贯彻国家的教育方针，坚持为社会主义建设服务，坚持教育与生产、工作的实际需要相结合，培养有社会主义觉悟、有文化、有专业知识和技能、有纪律的劳动者；其主要任务为，对职工进行思想政治教育，进行适应岗位要求的职业道德、文化知识、专业技术、工作能力和操作技能的培训，对从事专业技术的职工进行知识更新、增补、扩展和加深的继续教育；规定职工受教育的权利为专业技术人员接受继续教育的脱产学习时间每年累计不少于 12 日，班组长、技术工人不少于 7 日，5 年内学习时间可集中使用，学习期间的工资、福利待遇不变。年内，北京市工业系统职工教育开展急需的各种规格和层次的岗位培训，工业系统大、中型企业厂长、经理共 1554 人次参加岗位培训。占全市工业总产值 60%、上缴利税占工业系统 80% 以上的 112 户重点企业的正职厂长、经理完成岗位培训，共 91 人取得国家颁发的岗位资格合格证书；小型企业厂长有 2423 人次参加培训（累计有 3953 名取得岗位合格证书），26 名党委书记参加国家统一组织的岗位任职资格培训并取得证书，32 名总工程师参加 3 个月的岗位职务培训。区县企业有 2078 人参加培训。市工业系统的中层管理干部、车间主任有 38507 人参加岗位培训，42929 名生产班组长完成“班组管理”、“班组行为管理”和“班组创造能力开发”的培训（10 万名班组长培训累计完成 95% 以上），其中，高级工培训 30119 人，中级技术培训 119363 人。1991 年，全市工业系统市属工业企业参加 30 学时以上学习的职工达 1007142 人。

1994 年，北京市实施成人教育培训工程，包括北京市高级紧缺人才培训工程，培训对象是决策层的领导人员和各种专业技术管理人员；北京市转岗人员培训工程，培训对象为产业结构的调整后的转岗人员；北京市乡镇企业职工培训工程，培训对象为北京市乡镇企业职工。年内，北京市对全市 550 名 45 岁以下的区县局级领导干部的培训需求进行调查，了解他们在政治理论、领导能力和知识更新方面的需求。3 月，举办 43 名中青年干部参加的培训班，主要学习政治、经济理论；举办 116 人参加的区县局级干部进修班，每期 5 周，主要学习关于财政、金融、投资、外贸四大体制改革的政策；4 月至 7 月举办区县局级干部读书班三期，共 115 人参加；举办经济体制改革培训班，60 名局级干部参加；举办现代企业管理制度专题研讨班，48 名领导干部参加。1994 年提任的 306 名 45 岁以下的年轻干部，参加新任区县局级干部培训班。全市共培训转岗人员 352031 人次，其中参加各类岗位培训的约 29 万人次，参加学历教育的约 6 万人。全市承担培训的成人学校共有 1329 所。1997 年，成人教育培训工程实现阶段性目标。全年培训中高层次紧缺人才 5 万人次，培训转岗人员 28 万人次，培训乡镇企业职工 37 万人次，实现成人教育培训工程阶段性目标。为巩固成人教育培训工程成果，市教委组织全市 6 个委办、12 个综合局、18 个区县实施成人教育培训工程情况的全面验收和评价，召开全市成人教育培训工程阶段总结表彰大会，表彰101个先进单位和118个先进个人。1998年，市教委联合16个委办局开展实施1998年至2000年北京成人教育培训工程。其中，中高层次紧缺人才培训工程、转岗人员培训工程、乡镇企业职工培训工程继续开展。1999年，评选28个企业教育综合改革先进单位。2000年，成人教育全市培训560万人次以上，比上年增长24%。全市评选出优秀培训项目94个，先进集体132个，先进个人108人。

1995年，全市培训中高层次紧缺人才44000人次，其中，有3000多人参加资格性培训。

1996年，北京市进一步开展企业教育综合改革，推进现代企业教育制度建设，在30家市属大中型企业进行综合改革试点。在年底召开的全市企业教育综合改革工作会上，市教委总结和推广12家企业教育先进经验，表彰15家先进企业和23个先进个人。

1999年，北京市企业教育综合改革不断深化，主要表现在强化政府和企业领导对企业教育统筹与决策；企业教育为企业生产经营发展服务观念深入人心，初步建立育人与用人相结合运行机制，初步扭转教育与企业需求相脱节状况；企业教育结构得到有效调整，教育资源配置得到优化；教育投入明显增加，办学条件得到改善，初步形成比较完整的企业教育体系。如：贵友大厦重视企业教育，探索出“三维教育”模式。“三维”即：全员教育、全过程教育、全方位教育。全员教育是指坚持对企业决策层、管理层、执行层的全体员工进行教育；全过程教育是指对干部、员工始终坚持岗前、岗中和岗后转岗培训；全方位教育是指职业道德教育、业务知识教育、岗位技能教育，全面体现素质教育。

2000年，市教委发出总结成人教育五项培训工程实施情况通知。通知要求各成人教育单位总结1998年至2000年成人教育工作中高层次紧缺人才培训工程、转岗人员培训工程、乡镇企业职工培训工程、农村劳动者科技推广培训工程、首都市民素质提高培训工程工作，同时结合总结工作评选先进集体和个人。至年底，市教委表彰132个成人教育培训工程先进集体，108名先进个人和94个优秀培训项目。

2001年，北京市实施2001年至2005年北京市成人教育培训工程，工程包括社区教育工程、现代企业教育工程、农业现代化培训工程和紧缺人才培训工程。紧缺人才培训工程是前期中高层次紧缺人才培训工程的延续，重点培养一批外贸、信息、金融、财会、工商管理和现代城市建设与管理各层次紧缺的专门人才；现代企业教育工程建立和完善与21世纪企业发展相适应的企业教育管理体制和运行机制，继续以岗位培训和继续教育为重点，大力开发人力资源，全面提高员工素质，特别是突出技能和能力的培训。全年各类成人培训 560 万人次。通过“紧缺人才培训工程”的实施，培养各层次紧缺专门人才，适应“入世”和首都经济建设和社会发展的需要，并以申办奥运为主题，北京加强市民的外语培训，推出新的英语口语培训考试项目，促进提高市民外语会话能力。

同年，市教委、市经委、市商委、市建委和市政管委共同印发《关于进行“发展企业教育创建学习型企业先进单位”评估工作的通知》。通知指出，评估工作主要围绕企业人力资源开发与教育培训管理系统、保障系统、实施系统、成果和特色 5 个方面，采用企业自愿申报、企业自查与专家评估相结合方法。至年底，市教委首先完成商业系统创建学习型企业先进单位试点评估，北京市西单股份有限公司、北京蓝岛大厦和北京翠微大厦被评为首批创建学习型企业先进单位。

2002 年，北京市推进职业资格证书制度的建立和学习型组织的创建，全年参与教育培训的人数达到 450 万人次以上。市教委加强对全市高层次经营管理人才的培养，开展对科技人员的继续教育，全年开展继续教育 40 万人次。开展市民外语口语及计算机网络知识培训，全年开展计算机和外语培训 30 万人次。年内，市教委审定 15 个单位为 2001 年发展企业教育，创建学习型企业先进单位。15 个单位是：首钢总公司、北京二七车辆厂、北京燕莎友谊商城有限公司、北京甘家口大厦、北京华天饮食集团公司、北京富帛实业股份有限公司、北京崇民防伪印刷集团、北京渔阳集团、北京爱慕内衣有限公司、北京市昌平一建建筑责任有限公司、北京顺峰饮食娱乐有限公司、燕兴隆（集团）有限公司、北京夏都大厦、北京市利民物资有限公司、北京星光影视设备集团公司。

2003 年，市教委完成学习型先进企业评估。该评估分企业自评、企业申报和专家组评估 3 个阶段，依照企业人力资源开发与教育培训管理系统、企业教育培训保障系统和企业教育培训实施系统等指标。来自全市 32 家企业参加评估，其中，13 家当选北京市发展企业教育、创建学习型企业先进单位。

2004 年，启动技能型紧缺人才培养培训工程。坚持以就业为导向，加强校企合作，施行“订单式”“模块式”培养模式；制定实施性培养培训方案；推行“学分制”等弹性学制；加大经费投入，加强重点实验实训基地建设、师资队伍建设、课程）教材建设；深化教研工作。确定北京技能型紧缺人才培养培训工程基地校 32 所，包括数控技术、计算机技术和电子与信息技术等五大类。2005 年，企业岗位培训和继续教育 283.4 万人次。

2006年，北京市完善现代企业职工培训制度，提高在岗职工的工作能力、职业转换能力和创业能力，全年全市各行业职工和市民接受教育和培训的总数达到750万人次，基本实现从业人员50%以上接受继续教育和培训。

2010年，北京市有职工培训学校（机构）192所，教学班（点）4922个，培训188863人。

第二节　社区教育

20世纪90年代初期到20世纪末，北京市社区教育定位于社区全体成员的素质教育，并把社区教育与社区建设、社区发展结合起来。社区教育工作同基础教育、职业教育、成人教育、高等教育等相互沟通，协调发展的局面，在提高社区全体成员的综合素质和生活质量，促进首都经济与社会发展方面发挥重要作用。

1996年，北京市以试办为区域经济发展服务的朝阳区社区大学为契机，社区成人教育综合改革起步。

1998年，市教委支持朝阳区依托成人学校建立社区教育学院，推广崇文区抓基地网络建设，发挥街道市民学校在终身教育体系中的作用。同年，“首都市民素质提高培训工程”组织实施，成为新时期地区教育行政部门组织开展社区教育的主要内容。至年底，12个区县启动市民素质培训工程，其中东城区建立由区成人教育局、劳动局、精神文明办、街道办等10多个部门参加的工程协调领导小组，并制订市民素质工程试点方案，量化任务指标，建立保障措施，保证工程顺利实施。密云、丰台则结合本地区特点在市民素质工程内容上进一步扩展，补充环境教育、文明村民教育等方面的新内容。

2000年4月，教育部开展社区教育实验区评定，并首批确定八个实验区，北京市朝阳区入选。2003年、2006年和2007年分别确定三批社区教育实验区，北京市海淀区、顺义区、房山区、东城区入选。12月，市教委印发促进首都学习化社区建设意见。意见明确北京市推动社区教育的指导思想、目标和任务以及保障措施。意见要求各区县根据实际，在3年至5年内建立社区教育体系，用8年至10年的时间，把北京建设成为学习化城市。

2001年，北京市实施2001年至2005年北京市社区教育工程。该工程基本目标是建立与首都经济和社会发展相匹配的社区教育体系，利用社区内的各种教育资源，开展适合社区内各类人员需要的教育培训活动。具体任务包括建立区县、街道（乡镇）以及自然村和居民小区等三级社区教育网络，健全和完善区县、街道（乡镇）、居（家、村）委会等三级文明市民学校；区县内所有教育资源向社区开放，社区内各类教育机构年培训量应达到本社区常住人口的50%以上，逐步实现社区成员“学者有其校”目标。

同年，市教委印发《发展社区教育促进学习化社区建设先进区县评估指标体系》。该体系包括6个一级指标体系、21个二级指标体系、44个三级指标体系，涉及规划与计划、组织与管理、基地和网络、实施与成效、保障措施、特色与创新6个方面。“北京市发展社区教育促进学习化社区建设先进区县”评估自2001年下半年进行评估试点，2002年开始正式评估。评估依据评估指标体系，采取区县申报、自查与市教委组织专家评估相结合的方式和听汇报、座谈、听课、观摩、实地检查、查阅有关档案等方法进行。

2002年，北京市8个城区均建有社区学院，200多个街道、镇成立社区教育中心(社区学校)，居委会普遍建立社区学校办学点或市民学校，形成以社区学院为骨干，街道社区教育中心为基础，各种教育机构广泛参与的社会化社区教育网络。社区教育开设课程涉及思想道德、时事形势、政策法规、科学技术、读书指导、家政服务和下岗职工再就业培训等数十项内容。

2003年，市教委完成示范社区教育中心评估工作。该评估由专家组主持，按照《北京市示范性社区教育中心评估指标体系》进行。全市22家社区教育中心报名参加评选，其中，13家街道社区教育中心当选。

2004年，市教委完成第二批示范社区教育中心评选。该评选根据示范社区教育中心评估条件，采用听取汇报，实地察看等方式，认定示范区县社区教育中心3个、乡镇社区教育中心17个。至此，北京共有示范社区教育中心33个，其中，区县3个、街道（乡镇）30个。

同年，市教委、首都精神文明办、市民政局联合印发《北京市发展社区教育促进学习型城区建设基本标准》。该文件要求区县倡导全民学习、终身学习理念，发展社区教育，推进学习型组织、学习型社区、学习型城区建设，为市民终身学习创造条件。

2005年，北京市共有9个区先后建立社区学院，300多个街道、镇都成立社区教育中心(社区学校)。

2008年，教育部评定社区教育示范区，北京市西城区、海淀区、朝阳区入选。

2009年，教育部调整全国社区教育实验区，已被命名为全国社区教育示范区的不再作为全国社区教育实验区单位；部分不具备开展实验工作条件的原实验区不再作为全国社区教育实验区单位；增加一批工作力度大的省级社区教育实验区为全国社区教育实验区单位。调整后，北京市有全国社区教育实验区6个，分别是顺义区、房山区、东城区、崇文区、石景山区和宣武区。

至2010年，北京市普遍建立"政府统筹领导、教育部门主管、有关部门配合、社会积极支持、社区自主管理、群众广泛参与"的社区教育管理体制和运行机制，全市各区县理顺社区教育管理体制和运行机制，初步建立区（县）、街道（乡镇）、居委会（村委会）三级社区教育管理体系，在区和街道建立社区教育委员会，居委会设立分管社区教育的主任（或委员），加强对社区教育的统筹和管理，制定较为完整的社区教育工作制度，从而形成以街道社区教育中心为主体、以社区学院为龙头、居委会市民学校为基础的"三结合"的社区教育基地和网络，开展形式多样、内容丰富的社区教育培训活动。各区县优化整合教育资源，加快社区学院建设，东城区、西城区、崇文区、宣武区、朝阳区、海淀区、丰台区、石景山区、大兴区9个区已先后成立社区学院，形成以社区学院为龙头，街道社区教育中心和各类中等学校及社会力量办学机构为主体，居委会市民学校为基础的社区教育网络。

第三节　农村劳动者实用技术培训

20世纪90年代初期，北京市农村劳动者实用技术培训由市政府统一协调，市教委、市农委等多部门负责实施，主要借助高等学校、职业学校、成人院校和科研院所力量，以乡镇成人学校和农村成人文化技术培训学校（机构）为依托开展。郊区县以县农民科技校、乡镇和村成人学校三级成人教育培训网络为基地，在积极发展实用技术的基础上，推广"绿色证书"等资格性培训，提高农村居民和乡镇企业职工的素质，培养专业人才，促进农村经济的发展。

1991年，京郊农村共38.2万人次参加各种实用技术培训。同年北京市在大兴县开展"绿色证书"的基础上，为推动农村成人教育培训事业的发展，提高乡镇企业干部和农村居民的文化科学技术水平，分别在丰台、海淀试行"红色证书"制度。"红色证书"培训的对象是农村乡镇企业从事工业发展的干部职工，目的是使他们达到自身岗位规范所要求的标准，掌握应知的理论知识和应会的基本技能。

1992年和1993年，北京市农村分别有49万人次和61万人次参加培训。培训由种植业、养殖业等传统经济，逐步增加高科技含量，面向工业、商业、建筑业、制造业、服务业的等快速发展的农村产业，开展多项实用技术培训。

1994 年 3 月，北京市根据乡镇企业发展的实际需要，在开展专业技术培训的基础上，实施乡镇企业职工培训工程，并成立乡镇企业职工培训工程领导小组。农村劳动者实用技术教育在“农科教”结合、三教统筹的原则下，以县、乡、村三级政府培训网络为基地，以乡镇企业职工培训工程为龙头，多层次、全方位地直接为乡镇企业人才培训服务。

1996 年，北京市进一步发挥乡镇成人学校在“科教兴农”中的作用。各乡镇成人学校开展推广农业新技术，进行实用技术培训工作。1997 年，全市评出 13 所示范性乡镇成人学校。

1998 年，北京市首次在成人教育工程中提出农村劳动者的培训工程，即农村劳动者科技推广工程。该工程争取用三年左右时间，在现有的基础上，进一步在京郊地区农业生产人员中普及科技知识，掌握最新、有效的致富实用技术，提高农业生产的科技含量；初步建立农村新技术的普及、推广、培训和应用的县（区）、乡（镇）、村三级培训、推广网络。开展绿色证书培训，每年有 10000 名农村劳动者经过培训取得绿色证书；通过科技知识普及和专业技术传授等多种形式，开展以种随、养殖业为主的农村实用致富技术培训；年对 4000 名农民技术人员进行专项培训；每年对 1000 名从事乡镇农业技术推广工作的青年科技人员进行专项知识培训。年内，全市 3 万人次参加绿色证书培训，1.3 万人取得绿色证书，对 20 万人开展农村实用技术培训，1999 年获得绿色证书的人数增加到 3 万多人。

同年，市教委印发《北京市村级成人文化技术学校管理暂行规定》，进一步规范村校建设和管理。全市村成人学校规模和办学质量明显提高，82 所成人校获准为示范村成人学校。县、乡、村三级办学均做到有法可依、有章可循、依法行政。

1999 年，市教委完成农业劳动者科技推广培训工程调研。该调研就培训项目、项目承担情况、合作单位情况进行分析，提出问题及对策，并建议抓重点，完善机制，扩大该项培训，示范项目由 30 个增至 100 个。同年，市教委推动农村成人教育县、乡、村三级办学网络建设。10 个远郊区县全部完成标准较高、独立设置成教中心建设，发挥其中心作用。组织复评 11 所示范性乡镇成人学校；撤销 1 所，同时审批一所示范性乡镇成人学校。

2000 年，市教委对 1997 年批准的 13 所达标示范乡镇成人学校进行复评。

复评依据《北京市示范性乡镇成人学校复评指标体系》，分学校自查自评和专家组检查 2 个阶段进行。经复评工作专家组检查和评议，3 校被评为优秀校，8 校被评为合格校，2 校基本合格。至此，北京市第二轮示范性乡（镇）成人学校复评全部结束。

同年，北京市加强对农民的科技知识普及和实用技术培训，对 1998 年以来确定的 34 个科技推广培训项目进行全面检查验收。加强农村培训网络建设，促进示范性乡镇成人文化技术学校建设，并完成 31 个乡镇成人学校第二轮复评。年内，培训农民 22 万人次，获取证书 3.5 万人。2001 年培训 5 万人次，获取证书农民 2 万人。2002 年，培训农民 8 万人次，2.3 万农民获得绿色证书。2003 年，1.5 万农民获得绿色证书，2004 年，培训农民 7.2 万人次，其中 1.6 万农民获得绿色证书，当年全市累计获得证书的农民为 20.1 万人次。

2001 年，北京市实施新的一轮成人教育培训工程（2001 年至 2005 年），1998 年实施的农村劳动者科技推广工程升级为农业现代化培训工程。该工程继续深化“农科教”相结合的农村教育综合改革，建立和完善农村（区）、乡镇、村三级培训网络。通过多种形式的教育培训活动，结合区农村产业结构、产品结构调整的需要，为全面实施科教兴农战略，提高北京农产品的科技含量和市场竞争力，加快农业产业化步伐，培养一大批现代农业所需的专门人才，全面提高农业劳动者素质。其主要任务为开展多种形式的继续教育培训，培养一支适应农业现代化要求的专业技术骨干队伍。每年对 50% 以上的农业科技人员及科技管理人员进行专项培训。开展农业岗位资格证书培训，加强绿色证书制度的实施。全市每年绿色证书培训人数应达到万名以上；对其中优秀者要进行高一级的综合素质培养，每年培训 2000 人次，使之成为农业生产和科技致富的带头人。全面提高农业从业人员的科技素质，每年通过科技普及和专业技术传授等多种形式，对 50% 以上从事种植、养殖业的农民开展实用技术培训。继续以项目培训带动科技推广和实用技术培训，抓好 30 个左右科技推广、实验、示范培训项目的实施；各郊区县包要结合地区特点主要抓好 3 ~ 5 个区县级科技推广培训项目的实施。全面培训农村村级干部，提高学历层次及驾驭市场经济全局的本领。开展农村地区的现代远程教育，充分利用卫星电视和科技信息平台等设施开展远程教育。2004 年底，北京市认定的农村实用人才为 8355 人，2007 年培养农村实用人才 3600 多人，2008 年底全市农村实用人才达到 1.8 万人。2009 年，培训农村实用人才 4000 多人。2010 年，培训农村实用人才 8128 人，截至 2010 年底，全市累计培养农村实用人才达 32294 人。

2002 年，北京市加强对科技推广示范培训项目的指导，并以开发项目为纽带，加大农、科、教结合的力度；进一步加强农村地区三级办学网络建设，进行示范性乡办成人文化技术学校的检查验收；进一步完善乡办成人文化技术学校的建设；建好一批示范性乡办、村办成人学校，加强对农民的实用技术培训。年内，市农委、市科委、市教委联合在 14 个郊区县开展远程教育网布点工作。至年底，全市共设立农民远程教育网点 211 个。农民远程教育重点开展以新品种、新技术的使用和推广为主要内容的实用技术和项目培训，对农民进行职业技能、现代化生产技术、信息技术、安全生产、环境保护、职业道德和文明生活教育。

2004 年，北京市继续推动成人教育为农村、农业和农民服务工作，在郊区开展 28 万人次农业劳动者科技推广培训，实现“推广一项技术、培训一批农民、形成一个产业、致富一批家庭”的目标。发展农村远程教育，新建农村远程教育站点 150 个。组织各类培训机构开展农村劳动力转移培训达 6.8 万人，并使其中 80% 以上转到第二、三产业就业。同年，农业部推广“阳光工程”即农村劳动力转移培训工程，北京市围绕都市型现代农业培训需求，对农业和涉农企业以及农村社会管理人员开展专项技术培训。北京市 2005 年引入“田间学校”农民培养模式，并在延庆县前平房村建立了第一所农民田间学校。2006 年农民田间学校开始从植保向栽培、畜牧、水产等部门推广，2007 年推广到农机部门。2005 年，北京市印发《关于进一步加强郊区农村教育工作的意见》和《关于大力发展农村职业教育，全面实施科教兴农战略，加速农村人才培养，提高农村劳动者素质的意见》，发动各方面力量，开展农村劳动力转移培训、现代农业实用技术培训，将加快农业产业化、郊区现代化和农村城市化作为教育培训重点。

同年，北京市教委加强乡镇成人文化技术学校建设，制定乡镇成人文化技术学校评估细则，开始对全市示范性乡镇成人文化技术学校进行评估验收工作，至 2010 年，全市共有 85 所乡镇成人文化技术学校被市教委认定为市级示范成人学校。

2005 年，中国农民职业教育联合体成立。该联合体由中国农民大学发起，以资源共享、优势互补为原则，联合各省市有关县市农业职业学校和技校等单位，共同开展农村科技创业人才培训。至年底，联合体有成员学校 60 个。

2006 年，北京市成立北京农民科技教育培训中心。市教委依托北京市林业科学研究院信息研究所，先后在全市郊区县建立农村远程教育接收站点 178 个，实现农村远程教育“镇镇通”。在此基础上，投资 1700 万元，完善区县与各乡镇的联网，同时在 10 个远郊区县农村远程教育的成人教育中心或农广校建立可交互式的双向视频农村远程教育信息平台。市教委投资1800万元，分别在大兴、房山、平谷、怀柔、延庆、昌平、通州职业学校、农广校兴建农民教育培训实习实训基地，引导农民学科学、用科学，增强农民吸收现代农业科技的能力，不断提高农民种植养殖技术水平，努力为种养殖户提供产前产中产后各个环节的技术服务。

2006年，北京市教委、市农委等七部门联合提出《关于推进北京市农村劳动力培训与就业工作的意见》。要求"十一五"规划期间，全市每年培训农村劳动力30万人次，农村劳动力平均每年有5万人实现非农就业，从事第一产业的劳动力向二、三产业转移数量有较大增长。2006年6月，北京市农委等四部门联合提出了《关于加强农民科技教育培训中心建设推进本市农民教育培训和农村人才培养工作的意见》，经市机构编制委员会办公室批准，北京市农业广播电视学校及各区县在本区(县)农业广播电视学校分区(县)加挂"农民科技教育培训中心"牌子，依托乡镇成人学校设立工作站，在有条件的村成人学校设立工作分站，建立起市—区县—乡镇—村四级农民教育培训体系。"十一五"规划期间，通过农民培训体系每年开展引导性培训2万人次以上，各种就业、创业技能培训1万人次以上，实用技术推广应用、职业技能等级证书和绿色证书等培训，每年2万人次。同月，北京市社会保障和就业工作领导小组办公室下发《农村劳动力职业培训补贴管理办法》，规定从当年6月起，农村劳动力向第二、三产业转移就业，进行职业培训或者创业培训，政府补贴每人至少400元。9月，北京市教委、农委和财政局联合下发《关于实施培养和造就首都郊区社会主义新型农民行动计划的意见》，提出"十一五"规划期间北京将加强郊区农民职业教育培训力度，并将实施"1345"计划，即：每年为郊区农村培养1万名大专以上专门人才；3万名中专层次实用技术人才和高素质劳动者；每年对郊区各类劳动者进行40万人次的职业技能培训；每年对郊区农民开展50万人次的社会文化生活培训。

2007年，北京市开展"三教统筹"推进郊区农村成人教育服务社会主义新农村建设工作，大力发展郊区农村的职业教育和成人教育，完善农民教育培训网络建设，构建农民终身教育体系。至年底，北京农村地区终身教育体系基本形成，该教育体系以区县成人教育中心（或社区教育中心）为龙头，电大分校、职业学校、农广校分校为依托，乡（镇）成人学校为骨干，村成人学校为基础，其他教育培训机构为补充。农村地区共有成人学校3073所，其中，区县成人教育中心（或社区教育中心）10所，北京电大分校10所，北京市农业电视广播学校郊区分校10所，乡（镇）成人学校152所（市级示范校31所），村成人学校

2891所（市级示范校221所）。北京市新农村建设领导小组综合办公室协调33家市委市政府相关部门和人民团体，整合已建立的全市新型农民培养相关协调机构，成立了北京市新型农民培养工作协调小组。制定了《北京市新型农民培养工作行动方案》，提出2007年将开展农村劳动力转移就业培训、一产从业农民实用技术培训、农村企业职工在职培训、农民自主创业培训、农村实用人才培训、农村经营管理者培训、公共岗位就业农民培训、农民学历教育等培训，全年有40万农民参加培训，其中6万农民实现非农就业。

2008年，北京市继续在“三教”统筹整合教育资源基础上，加强农村地区成人教育基地建设，改善区县、乡(镇)、村三级成人教育基地办学条件。市区县政府上半年投入资金在10个郊区县重点支持10个农业实用技术实训基地建设工作。验收23个乡镇申报市级示范性乡镇成人文化技术学校。各中等职业学校、成人学校和其他教育机构，面向郊区农民开展实用技术和农村劳动力转移等各类教育培训，共培训农民(含农村居民)40万人次以上，其中，农村劳动力转移与就业培训40.5万人，1万人实现转移就业。郊区县职业教育和成人教育部门开展农民教育流动课堂试点，利用流动课堂，将现代生产技术、信息技术、安全生产、环境保护以及健康生活等生产技术和社会文化生活知识送到田间地头。年内，北京市启动京郊千名骨干农民培训计划，市农业推广站围绕蔬菜、食用菌、西甜瓜、草莓等主导产业，遴选出1230名人员进行培训，并开展京郊农民田间学校建设，到2010年底，围绕农业主导和特色产业，在10个远郊区县开办农民田间学校704所，培养农民学员2万余人，培养农民乡土专家、科技示范户、技术带头人近万人。

2008年，市教委为10个远郊区县职业教育和成人教育学校配备农民教育培训流动课堂车。流动课堂车把农民教育培训送到田间，面向农民开展现代生产技术、信息技术、安全生产等社会文化生活教育培训。至年底，农民教育培训流动课堂车行驶18万公里，培训农民3.6万人次。

2009年，北京市加强农村成人学校建设，解决房山、通州等区县乡镇成人学校机构和人员编制问题，对15所乡镇成人学校开展评估验收工作。完善农民教育培训网络，促进农民终身教育体系建设。加强和完善农民教育实训基地建设，发挥基地“带着农民干、做给农民看、帮助农民赚”优势，共举办各种实用技术培训班35期，培训农民5万人次。动员郊区各中等职业学校和各类成人学校利用现有教育资源开展农村成人教育工作，先后举办农村经济合作组织带头人、农业科技致富带头人、农村巧娘工作室带头人等培训班18期，共培训农民

6100余人次。为远郊区县职业学校和乡镇成人学校配备农民流动课堂车，并利用其开展送教下乡活动；总结推广大兴区流动课堂车使用和管理经验，完善流动课堂车使用和管理制度。

2009年，市教委加强农村实用人才培养力度。落实关于“加强农村实用人才开发培养力度，提高农村实用人才数量和质量”的折子工程，动员各中职学校和成人学校，开展农村实用人才培养工作，举办农村经济合作组织带头人培训班7期、农业科技致富带头人培训班5期、农村巧娘工作室带头人培训班6期，共5000余农民参加培训。加强农民教育实训基地建设，发挥基地“带着农民干、做给农民看、帮助农民赚”的作用，举办各种培训班35期，共培训农民8612人次。年内，市教委对15所申报市级示范校的乡镇成人文化技术学校进行评估，12所学校入选。

2010年，北京市指导66所示范性乡镇成人学校开展规范化建设。开展“技能＋基础”农民中等学历教育和“送教下乡”“科教兴村”工作，采取“校村结合”“一校包一村，一村办一班”等形式积极开展农业实用技术培训、农村劳动力转移培训。组织专家对各区县农村成人教育管理干部、乡镇成人学校校长开展专题培训。组织开展优秀农民培训项目评审，各区县乡镇和学校共申报86个农民培训项目，评出一等奖15项、二等奖26项、三等奖33项，近40万农民群众参与各类实用技术培训。年内，市教委开继续展示范性乡镇成人学校评估，8所学校为北京市乡镇成人学校示范校。本年，市教委还指导66所示范性乡镇成人学校完善学校管理。

2010年，北京市有农村成人文化技术培训学校（机构）1878所，教学班（点）9040个，结业学生811775人，注册在学738790人。

第四章　教育管理

第一节　管理体制

成人教育涉及职工教育、农民教育、干部教育、学历教育、继续教育、广播电视教育、自学考试、社会力量办学等多种教育形式和教育类型。国家教委《关于改革和发展成人教育的决定》中强调要对成人教育“加强宏观管理，积极为基层服务”。指出，“成人教育是涉及全社会的事业，范围广大，门类繁多，形式多样，必须充分发挥各地区、各部门和社会各方面力量的积极性，实行多渠道办学”。

全国成人教育领导管理实行分级管理、分级负责，统一管理、分工负责的体制。国家教委是统一管理全国成人教育的教育行政机关。在国务院领导下，国家教委负责并会同有关部门制定成人教育工作的方针政策和法规，协调国务院各部委有关成人教育的工作。国务院各部委负责管理各自职能范围内的成人教育工作，制订培训要求，搞好编写教材、培训师资、交流经验、提供信息等各项服务。全国高等教育自学考试指导委员会，下设办公室，专管高等教育自学考试工作。

北京市成人教育领导管理由市、区县分级管理，市教育行政部门、综合管理部门和各业务主管部门分工负责，统筹领导成人教育工作。

1991年，《北京市职工教育条例》规定，市政府领导本市的职工教育工作，制定职工教育工作的方针、政策。区、县人民政府领导本区县的职工教育工作。北京市成人教育局是全市职工教育的行政主管机关，负责制定职工教育的发展规划，综合、协调职工教育工作，监督、检查职工教育法律、法规和方针、政策的执行情况，管理职工学历教育和社会力量举办的职工教育。市劳动局、人事局和科技干部局按照各自的职责范围，分别负责管理工人、干部和专业技术人员的教育培训工作，制定相应的教育规划和培训、考核、使用办法，并组织实施和监督检查。市政府各业务主管部门负责管理本系统职工教育工作，制定教育培训规划、专业技术标准和岗位规范，组织教材编写和技术等级考核，并对本行业的职工教育进行业务指导。工会组织参与职工教育的管理工作，发挥监督作用，维护职工受教育的权利。企业事业单位按照本地区、本行业的职工教育发展规划和自身发展的需要，确定本单位职工教育培训的任务，制定职工教育培训计划，并组织实施。

1994 年 8 月 28 日，市委、市政府颁布《关于进一步改革发展成人教育的若干意见》，进一步明确北京市成人教育领导管理体制。市政府成立市成人教育协调领导小组，其任务是研究制定全市成人教育发展总体规划，调查分析全市成人教育发展情况，协调本市成人教育有关政策和规定，研究解决本市成人教育事业发展过程中出现的突出矛盾和重点问题。市成人教育局是宏观管理全市成人教育的行政机关，负责制定成人教育发展规划，综合、协调成人教育工作，监督、检查成人教育法律、法规和方针政策的执行情况以及成人教育工作的汇总统计。市人事局、科干局、劳动局、高教局和有关业务部门，按照各自的职能管理相关的教育和培训工作。

1995 年 12 月，北京市教育委员会成立，统筹管理全市成人教育工作。具体职责：研究制订全市成人教育和社会力量办学的有关政策、行政规章；制订全市成人教育发展规划和年度计划；统筹协调全市成人教育工作，研究解决成人教育工作中的重大问题；指导、监督、检查区县教育行政部门、行业主要部门以及农村的成人教育工作。宏观管理全市岗位技术培训、继续教育和社会文化生活教育，管理全市成人学历教育，统筹指导扫除成人文盲的工作。会同有关部门实施职业资格证书制度。综合管理全市各级成人学校的教育教学工作；负责成人学校的评估和教学质量检查；负责成人高校和成人中专校的学科、课程、教材建设和专业设置工作。编制成人高、中等学校的招生计划；管理成人高、中等学校的学籍管理和证书发放工作；统筹管理高、中等教育自学考试工作；指导成人教育学校的师资队伍建设和学生的德育工作。负责社会力量举办的高等学校和高层次培训机构的设置、调整、更名、撤并的审核和审批工作；负责社会力量办学的管理、评估、检查、验收和学历认定考试工作。指导区、县社会力量办学的管理工作。

2007 年，市委、市政府为了加快建设创新型城市，实现“新北京、新奥运”战略构想，决定大力推进首都学习型城市建设。学习型城市建设实行党委领导、政府主导、部门联动、社会协同、全民参与的领导管理体系。全市成立北京市建设学习型城市领导小组，负责组织协调全市学习型城市建设工作。各区县建立相应的指导协调工作机构，负责推进本地区学习型城区建设工作。工会、共青团、妇联、科协等群众团体和社会组织在各自职能范围充分发挥作用。各级党委、政府和相关部门建立"一把手"为"第一责任人"的制度，实行目标管理，组织实施本部门（单位）的建设学习型城市工作。

2007 年 12 月 13 日，北京市建设学习型城市领导小组成立。领导小组根据市编办《关于设立北京市建设学习型城市工作领导小组有关问题的批复》设立，分管教育的市领导任小组组长，主要成员来自市委组织部、宣传部、市发展改革委、市人事局、市财政局等 26 家单位，办公室设在市教委。

第二节　管理机构

20 世纪 90 年代，依据分级管理、分工负责教育管理体制，北京市教育管理机构包括市、区县、乡镇（街道）三级机构。1990 年，市教育行政机构分为北京市人民政府文教办公室、北京市教育局、北京市高等教育局、北京市成人教育局（简称"三局一办"）。1995 年 12 月，北京市撤销"三局一办"，正式成立北京市教育委员会。此外，20 世纪 90 年代初期，北京市各委办局普遍设有教育处或宣教处等教育工作机构，根据部门职能管理相关的教育和培训工作，主管本系统的教育工作。1999 年以后，随着企业办社会职能分离，部分委办局和行业总公司逐步撤销教育专职管理机构，将教育工作职能归入人力资源部等相关机构，工作重点转向继续教育和学习型机构建设。

一、市级教育行政机构

（一）北京市人民政府文教办公室

北京市人民政府文教办公室是市政府工作部门之一。其工作职责是协助主管市长联系市高教局、市教育局、市成人教育局、市体委、市文化局、市文物局等局级文化教育部门和各区县政府文教卫体部门；贯彻国家有关文教工作的方针政策，结合北京市实际，会同有关部门拟定有关具体实施办法，报市政府审批，颁发有关单位执行；配合有关部门制定文教事业中长期发展规划和年度计划，并检查落实；协调解决有关委办局和各区县政府有关文教工作；办理有关文教工作向市政府和主管市长的请示报批工作；调研文教事业方面有关重大问题，并与有关部门协商提出拟办意见；负责具体负责学前教育、中等职业技术教育的统筹协调工作。市政府文教办1980年4月成立。1995年设秘书处、法规处、教育处、职业教育处、托幼处、文化处、基财处、卫生处、人事处等内设机构9个。1995年12月，市政府文教办撤销。

表4–1　　1991年至1995年市政府文教办历任主任一览表

姓名	任职时间
王　晋	1990年6月至1994年1月
蓝天柱	1994年1月至1995年12月

（二）北京市成人教育局

北京市成人教育局是北京市综合管理全市成人教育的教育行政部门。1991年，市成教局设办公室、综合计划处、人事保卫处、财务基建处、高等教育处、中等教育处、农村教育处、社会教育处。1992年6月，成立法制处。

1995年12月，北京市成人教育局撤销。

表4–2　　1991年至1995年北京市成人教育局历任局长一览表

姓名	任职时间
尤　文	1987年7月至1993年5月
马叔平	1993年5月至1995年12月

（三）北京市教育委员会

1995年11月1日，中共北京市七届市委常委会第123次会议根据中央关于机构改革的要求和国务院批准的《北京市党政机构改革方案》，结合北京教育系统实际和特点，通过市委教育工委关于成立北京市教育委员会的方案，决定撤销北京市人民政府文教办公室、北京市教育局、北京市高等教育局和北京市成人教育局，成立北京市教育委员会。12月15日，市政府办公厅印发《关于组建北京市教育委员会的通知》，决定组建北京市教育委员会，在北京市教育委员会正式开展工作之前，北京市人民政府文教办公室、北京市教育局、北京市高等教育局、北京市成人教育局仍继续履行其原职能。12月21日，北京市十届人大常委会第23次会议决定任命徐锡安为市教委主任。1996年1月8日，市教委启用北京市教育委员会印章。2月15日，市教委举行挂牌成立大会。

市教委是市政府主管全市教育的综合职能部门，负责规划和管理全市各级各类教育的统筹和发展。市教委与原来的“一办三局”相比，内设处室精简54%，人员减少23%，直属单位由原来的62个调整合并为32个。

1996年6月10日，市教委印发各处室主要职责。市教委设处室28个，代管机构2个（语委办公室、教育督导室）。28个处室分别是：办公室、政策法规处、计划处、人事处、财务处(北京市人民教育基金会办公室)、基建处(房改办公室、校舍修缮办公室)、审计处、监察室(与教育纪工委合署办公)、高等教育处、基础教育一处、基础教育二处、学前教育处(北京市学前教育领导小组办公室)、职业教育处(北京市职业技术教育委员会办公室、北京市世界银行贷款职教项目办公室、北京市燎原计划办公室)、成人教育处(社会力量办学管理办公室)、科研处(北京市学位委员会办公室)、条件装备处、外事处(港澳台办公室、侨务办公室)、师资处(职称改革办公室)、学生处、德育处、体育卫生处、艺术与校外教育处、保卫保密处(市委教育工委保卫保密处)、学校后勤管理处、校办产业管理处、机关事务管理处、老干部处(与市委教育工委老干部处合署办公)

2000年7月，市委、市政府决定中共北京市委教育工作委员会、北京市教育委员会（简称“两委”）合署办公。“两委”设24个职能处室和机关党委、老干部处，市教委代管北京市人民政府教育督导室。24个职能处室是办公室、组织处、干部处、宣教处、统一战线与群众工作处、基层联络处、政策研究与法制工作处、保卫保密处、发展规划处（北京市社会力量办学管理办公室）、人事处、财务处、基本建设处、学前教育处、基础教育处、职业教育与成人教育处、高等教育处、德育处、学生处、科学技术与研究生工作处（北京市学位委员会办公室）、体育美育处、对外合作与交流处（港澳台地区及侨务工作办公室）、学校后勤处、审计处、语言文字工作处（北京市语言文字工作委员会办公室）。

“两委”合署办公后的决策机构为两委领导办公会议、教育工委委员会议、教委主任办公会议。

“两委”领导办公会议讨论决定“两委”工作中的重大问题。①北京市教育系统党的建设、精神文明建设和思想政治工作规划，北京市教育中、长期发展规划。②审定市委教育工委、市教委年度工作计划和教育经费年度财务预决算。③北京市教育改革的重大方针、政策及措施。④“两委”领导分管工作中涉及全局性、方向性的问题及其他重要事项。“两委”领导办公会议一般二个月召开一次，会议由书记（主任）主持。“两委”领导办公会议参加人员为教育工委书记、副书记、教委主任、副主任，教育纪工委书记和教委秘书长列席。

市教委主任办公会议讨论决定教委职责范围内的重大问题。①全市教育改革和发展中的重大问题或涉及广大群众切身利益的重大问题。②各级各类教育中的重点和难点问题。③教委工作中涉及全面工作、全市性活动需统筹协调安排的事项以及日常工作中的重要问题。④学校和区县教育行政部门向教委请示的重要事项。⑤教委大额度经费使用。⑥教委职责范围内的党风廉政建设重大事项。⑦教委领导分管工作中需提交讨论的其他重要事项。市教委主任办公会议一般一周召开一次，会议由书记（主任）主持。教委主任办公会议参加人员为主任、副主任、专职委员、市督导室常务副主任。（中共北京市委教育工作委员会北京市教育委员会合署办公规则（试行），京教工〔2000〕17 号）

2009 年 8 月，市委、市政府再次明确市委教育工委、市教委主要职责、内设机构和人员编制。市教委的主要职责：①贯彻落实国家关于教育方面的法律、法规、规章，推进依法治教，起草本市相关的地方性法规草案、政府规章草案，研究拟订教育改革与发展的政策，并监督实施；组织编制本市教育事业发展规划，会同有关部门编制教育设施专项规划，并组织实施。②统筹、协调和指导本市教育工作。统一管理本市学前教育、初等教育、中等教育、高等教育及其他各类教育事业；负责推进义务教育均衡发展和促进教育公平。③指导本市教育系统及农村、企业、社区的综合教育改革工作；推进本市职业教育和高等教育的发展与改革，承担深化市属高等学校管理体制改革的责任。④统筹、协调和指导本市学习型社会、终身学习服务体系建设工作。⑤根据管理权限，负责审核、审批国家及国家机构以外的社会组织或者个人举办的学校及其他教育机构、项目的设置、变更、终止，并履行监管职责；管理市属高等学校的专业设置；管理本市中外合作办学工作；管理本市学位工作；协调管理中央部委在京高等学校。⑥拟订本市中等及中等以下教育学校的设置和办学标准，制定教学基本要求和基本文件；编写中等及中等以下教育学校的教材，审定基础教育地方教材；负责教育教学质量的评估和监控工作。⑦拟订本市招生考试与评价制度改革政策和高等教育、中等教育以及研究生教育的招生计划，并负责考试的组织和管理工作；负责北京地区中等以上学历教育学生的学籍管理工作；负责北京地区高等学校学生申诉处理工作。⑧参与拟订北京地区普通高等学校毕业生就业政策，并组织实施，推进高等学校毕业生就业制度改革；指导北京地区普通高等学校开展大学生就业创业工作。⑨管理、指导本市各级各类学校思想政治工作、德育工作、体育卫生与艺术教育及国防教育工作；指导和协调各类学生的社会实践和校外教育工作。⑩规划、指导本市高等学校自然科学和哲学、社会科学研究；组织本市高等学校承担国家及本市重大科研项目；指导本市高等学校科技创新平台的发展建设；指导教育信息化和产学研结合等工作。⑪负责协调、指导本市教育系统人事制度改革工作；参与拟订国家举办的各级各类学校编制标准；主管本市教师工作，指导教育系统教师和管理人员队伍建设；负责北京地区教师资格认定；管理本市教育类社会团体。⑫会同有关部门拟订本市筹措教育经费、教育基本建设投资的政策；负责统筹管理市本级教育基本建设投资、教育事业经费和地方教育费附加及国外教育援助和教育贷款；管理市本级教育国有资产和教育基本建设项目；负责协调本市高教园区建设工作；监督教育经费预算的执行情况。⑬规划、指导本市各级各类学校后勤改革工作；协调组织有关部门、区县做好校园及周边环境整治，维护学校正常秩序等工作。⑭负责本市教育系统国际合作与交流工作；管理本市教育系统出国留学和境外人员来京学习；指导本市对外汉语教学和教育系统引进国外智力工作；开展与港澳台的教育交流与合作；负责在本市举办国际教育展览的审批。⑮规划、指导本市教育科学研究、教育教学研究和教育现代信息技术发展工作；负责本市语言文字规范化建设工作。⑯依法对本市教育系统的安全工作承担管理责任，对以市教委名义组织的各类活动的安全工作承担主体责任。⑰承办市政府交办的其他事项。

根据职责，市委教育工委和市教委设25个内设机构和机关党委、工会、离退休干部处，纪检、监察机构按有关规定派驻，市教委代管北京市人民政府教育督导室。北京市语言文字工作委员会不再列入市政府议事协调机构，并入市教委，对外保留北京市语言文字工作委员会的牌子。25个内设机构即：办公室、组织处、干部处、宣教处、统一战线与群众工作处、基层联络处、政策研究与法制工作处（法制办公室）、安全稳定工作处（北京市教育系统维护安全稳定工作办公室）、发展规划处、基本建设处、学前教育处、基础教育一处、基础教育二处、职业教育与成人教育处、高等教育处、民办教育处（民办高等学校党建工作办公室）、学生处、科学技术与研究生工作处（北京市学位委员会办公室）、体育卫生与艺术教育处、国际合作与交流处（港澳台事务及侨务工作办公室）、学校后勤处、语言文字工作处、审计处、财务处、人事处（师资管理办公室）。市委教育工委和市教委行政编制225人。

表 4-3　　1995 年至 2010 年北京市教育委员会历任主任一览表

姓名	任职时间
徐锡安	1995 年 12 月至 1998 年 2 月
	1999 年 5 月至 2002 年 3 月
袁贵仁	1998 年 2 月至 1999 年 5 月
耿学超	2002 年 3 月至 2006 年 3 月
刘利民	2006 年 3 月至 2011 年 2 月

说明：徐锡安分别于 1995 年和 1999 年两次出任市教育委员会主任

二、委办局（总公司）教育工作机构

20 世纪 90 年代初期，北京市各委办局（总公司）普遍设有教育处或宣教处等教育工作机构，根据部门职能管理相关的教育和培训工作，主管本系统的教育工作。

委办局（总公司）教育工作机构职责：

一是宏观管理。1991 年，《北京市职工教育条例》规定，市成人教育局是本市职工教育的行政主管机关，市劳动局、人事局和科技干部局按照各自的职责范围，分别负责管理工人、干部和专业技术人员的教育培训工作，制定相应的教育规划和培训、考核、使用办法，并组织实施和监督检查。市政府各业务主管部门负责管理本系统职工教育工作，制定教育培训规划、专业技术标准和岗位规范，组织教材编写和技术等级考核，并对本行业的职工教育进行业务指导。1994 年，市委、市政府《关于进一步改革发展成人教育的若干意见》明确，市人事局、科干局、劳动局、高教局和有关业务部门，要按照各自的职能管理相关的教育和培训工作。1995 年，《北京市专业技术人员继续教育规定》明确，市和区、县人事行政主管部门负责继续教育的管理工作，制定规划并组织实施，对继续教育工作进行指导、协调和检查、监督。各系统、各行业主管部门负责本系统、本行业继续教育的管理工作，应当制定继续教育规划，并组织实施。

二是举办干部职工培训学校和成人高、中等学校，主管本系统的教育工作。在干部职工教育方面，市政府要求各行各业都要办学，配备教师和干部，解决好学习场地和教学，办好职工学校。如市经委 1985 年职工教育机构建筑面积 15.6 万平方米，职工大学 11 所，职工学校 3525 所。市商委至 1990 年共有各类院校 137 所，各类学校建筑面积 252.5 万平方米。1994 年，全市各委办局总公司举办职工中等专业学校 97 所，干部中等专业学校 12 所，干部管理学院 34 所（中央

29所、北京市5所），职工大学22所。

三是部分行业部门举办职工子弟学校。如北京铁路分局、北京矿务局（2001年北京矿务局和北京市煤炭总公司合并重组北京京煤集团有限责任公司）等厂矿，为解决子弟教育问题举办幼儿园、中小学。这些学校办学经费、场地、教职工由举办者负责，教学业务接受北京市教育行政部门指导。

1999年，中共中央印发《关于国有企业改革和发展若干重大问题的决定》，提出分离企业办社会的职能，逐步学校等社会服务机构移交地方政府统筹管理。随着企业办社会职能分离，部分委办局和行业总公司撤销教育专职管理机构，将教育工作职能归入人力资源部等相关机构，工作重点转向继续教育和学习型机构建设。

2000年，市政府决定调整市经委系统所属30所学校管理体制。市经委系统拥有各级各类学校151所，这次管理体制调整30所，包括：普通高等学校1所、高等职业学校1所、职工大学4所、中等专业学校11所、职工中专6所、中小学7所。其中，北京联合大学化学工程学院和北京市化学工业集团职工大学并入北京联合大学，21所中专、职工大学划转市教委管理，7所中小学划转所在区县管理。

表4-4　2000年市经委系统划转市教委管理学校名单一览表

序号	学校名称	原主管单位
1	北京市化学工业集团职工大学	北京化学工业集团有限责任公司
2	北京市工艺美术品总公司职工大学	北京工美集团总公司
3	北京市机械工业管理局职工大学	北京机电工业控股（集团）有限责任公司
4	北京市汽车工业总公司职工大学	北京汽车工业集团总公司
5	北京市一轻工业学校职工中专部	北京一轻集团有限责任公司
6	北京市工艺美术学校职工中专部	北京工美集团总公司
7	北京市化工学校职工中专部	北京化学工业集团有限责任公司
8	北京二轻工业学校职工中专部	北京二轻有限责任公司
9	北京市仪器仪表工业学校职工中专部	北京仪器仪表工业控股（集团）有限责任公司
10	北京市皮革工业学校职工中专部	北京二轻有限责任公司

三、区县教育行政机构

至1990年，北京市辖区10个、市辖县8个，均设有独立的教育行政机构，即区县政府文教办公室、教育局、成人教育局。

区县政府文教办公室（或称文化教育卫生委员会等）是区县政府组成机构，

主要任务：贯彻执行国家相关法律法规，综合管理、协调、指导、服务所属单位(教育局、成人教育局等)的行政、业务工作。管理全区学前教育和语言文字工作，包括制定工作规划、组织实施、检查验收等。

区县教育局是区县政府主管普通教育的行政机构，一般设办公室、党委办公室、中教科、小教科、幼教科及财务、人事、基建、督学等科室。主要任务：贯彻党和国家有关教育的方针、政策、法律、规定，并结合实际制订有关规定；统筹全县普通教育的发展，编制事业发展规划和招生计划；领导普通教育各类学校的教育教学和行政工作；会同有关部门、乡镇管理中小学教育行政工作，中小学干部任免和培训；负责教师的调配和培训；教育经费的安排和使用、监督检查；组织与管理学校教学设备的采购和供应；学校校舍的管理、维修等。

区县成人教育局是区县政府主管成人教育工作的行政机构。主要任务：贯彻党和国家的教育方针、政策、法律法规，制定有关规定；统筹地区成人教育工作，编制成教发展规划；会同有关部门、乡镇管理成人教育行政工作等；负责民办教育的审批和管理工作；具体领导下属校（站）的教学和行政工作。

1995年1月，为加强教育工作领导，加快“三教统筹”步伐，根据市委、市政府批复精神，海淀区撤销两办(文教办、托教办)两局(教育局、成人教育局)，成立中共海淀区委教育工作委员会、海淀区教育委员会和海淀区人民政府教育督导室。

1995年12月，北京市撤销“三局一办”，组建北京市教育委员会。此后，各区县陆续撤销区县政府文教办公室、教育局、成人教育局，组建区（县）委教育工委、区（县）教育委员会，并实行教工委与教委合署办公（代管政府教育督导室）。

区（县）教委的主要职责：①贯彻落实党和国家及北京市有关教育的法律、法规，负责监督检查有关教育的法律、法规、规章的执行；研究制定全区（县）教育事业的发展规划及年度计划并组织教育规划、计划的实施。②统筹规划和管理全区（县）基础教育、职业教育和成人教育以及学前教育、民族教育、特殊教育工作。③根据管理权限，负责审核或审批全区（县）各级各类学校的设置、调整、变更、撤销、合并工作和中等职业学校的专业设置工作。④负责全区（县）小学、初中入学和各类教育招生、考试、考核的组织和管理工作；指导、管理所属学校学生的学籍管理工作。⑤统筹规划、协调、指导区（县）教育体制、教育结构和教育教学的综合改革；指导所属学校的教育教学工作；负责全区（县）教育教学质量的评估工作。⑥指导所属学校德育、体育、美育、卫生、劳动技术教育工作和社会实践、科普、国防教育，校外教育工作等。⑦统筹管理机关及所属事业单位人事和劳动工资工作，指导学校内部管理体制改革；负责所属事业单位教师和干部、职工队伍的建设、教师资格认定和专业技术职务评聘管理工作；管理全区（县）教育类社会团体和老干部工作。⑧负责统筹使用和管理全区（县）教育基建投资、教育经费和区（县）征收的教育费附加以及其他教育捐助款；监督教育经费预算的执行情况。⑨统筹安排所属学校校舍的管理、维修和基本建设，管理与协调学校教学设备的采购与调配。⑩协调有关部门做好全区（县）校内外环境整治工作，维护学校正常秩序；指导学校防火、安全等工作。⑪ 统筹管理、规划和指导全区（县）教育科学研究和教育教学研究工作；负责全区（县）语言文字规范化建设工作；负责全区（县）教育基本信息的统计、分析及教育信息工作；规划指导全区（县）教育现代信息技术发展工作。⑫ 承办区（县）政府交办的其他事项。

表 4–5　北京市各区县教委设立时间一览表

区县	设立时间
东城区	2001 年 11 月
崇文区	1997 年 8 月
西城区	2001 年 11 月
宣武区	1997 年 3 月
朝阳区	1997 年 9 月
丰台区	1995 年 6 月
石景山区	2001 年 11 月
海淀区	1995 年 1 月
门头沟区	1995 年 7 月
房山区	2001 年 12 月
通州区	2001 年 10 月
顺义区	2001 年 10 月
昌平区	2001 年 10 月
大兴区	2001 年 11 月
怀柔县	2001 年 10 月
平谷区	2001 年 12 月
密云县	2001 年 9 月
延庆县	2001 年 10 月

说明：①根据首都功能核心区行政区划调整方案，2010 年 7 月，东城区、崇文区合并，成立新的东城区，西城区、宣武区合并，成立新的西城区。2010 年 8 月，新的东城区教育委员会、西城区教育委员会挂牌；

②2001 年 12 月，房山区撤销燕山教育分局，组建房山区燕山教育委员会，燕山教委是燕山办事处负责教育事业的工作部门

四、街道办事处教育工作机构

街道办事处是区县政府的派出机关，受区县政府领导，依据法律、法规、规章的规定或受本区县政府依托，对本辖区内城市管理、社区服务、经济发展等方面工作行使组织领导、综合协调、监督检查的职能。1990 年以前，北京市街道办事处普遍设有文教科或教育科、宣传科，负责区域内扫除青壮年文盲和学前教育工作方面发挥重要力量。1990 年以后，街道办事处教育工作职责逐步转为主要为执行教育法律法规、全面实施素质教育、建设学习型城市，专职教育科室陆续撤销，具体组织形式和职责内容根据区情各有不同。

2006 年 2 月，平谷区政府印发《关于成立乡镇街道办事处社区教育管理机构的实施意见》，在街道普遍成立社区教育领导小组。社区教育领导小组组长由乡镇长和街道办事处主任担任，成员由各乡镇、街道办事处主管教育工作的行政副职、辖区中小学校校长、社区教育领导小组办公室主任及社保所所长兼任。社区教育领导小组下设办公室，办公地点设在各乡镇政府、街道办事处或社区教育中心（成人学校）。社区教育领导小组办公室为乡镇、街道办事处的常设机构。社区教育领导小组在区社区教育管理委员会的领导下开展工作。负责统筹管理本辖区社区教育工作，研究制定社区教育发展规划和年度工作计划，编写各项管理制度及相关文件。负责指导、检查、考核、评估社区教育中心（成人学校）、村成人学校和居委会社区学校的社区教育工作。广泛开展各类教育培训和学习型组织创建活动，满足广大人民群众的教育需求。有效整合社区教育资源，建立社区教育志愿者队伍，加强社区教育中心（成人学校）、村成人学校和居委会社区学校建设。

2007 年 3 月，丰台区政府印发《丰台区乡（镇）人民政府、街道办事处和相关委办局履行教育法律法规、全面实施素质教育的职责》，明确街道办事处的主要职责：①推进学习化社区建设，大力开展社区教育活动，在积极推进社区教育工作中，结合实际形成特色。②组织和督促适龄儿童、少年入学，帮助适龄儿童、少年解决接受义务教育时遇到的困难，采取措施防止适龄儿童、少年辍学。禁止用人单位招用应当接受义务教育的适龄儿童、少年。③做好流动人口子女接受九年义务教育的有关工作。④建立贫困家庭子女和弱势群体的教育帮扶制度。⑤依法维护学校周边秩序，保护学生、教师、学校的合法权益。为学校提供安全保障。⑥与教育行政部门配合，推进学校、家庭、社会“三结合”教育，发挥社区在实施素质教育中的作用。加强社区教育活动场所的管理，利用教育资源，为学生开展校外活动提供条件，组织形式多样的校外活动。⑦严禁居民将房屋出租用于非法办学、办园。协调有关部门清理整顿辖区内原有利用出租房屋非法办学、办园的行为。各街道设履行教育法律法规、全面实施素质教育工作领导小组，街道办事处主任为组长，成员单位涵盖有关科室、辖区小学和社区。

2009 年 8 月，密云县办公室转发《县政府教育督导室关于乡镇政府街道办事处相关委办局教育执法全面实施素质教育责任的通知》，规定街道办事处的主要职责：①认真贯彻党和国家教育法律、方针、政策，落实管理教育工作的各项制度，推进辖区内教育现代化。②将教育工作列入街道办事处重要议事日程，坚持领导联系学校制度，每年为辖区内中小学、幼儿园办若干件实事。③掌握辖区内适龄儿童受教育情况，保证适龄儿童全部按时入学，积极开展社区与学校共建活动，充分利用辖区内文化教育资源，发挥其社会教育功能和社区教育作用，开展丰富多采的文化体育活动。④与教育部门密切配合，采取措施促进家庭教育、学校教育、社会教育相结合，形成“三结合”教育网络。加强社区综合治理和文化建设，切实治理校园周边环境，依法为儿童、青少年学生的身心健康成长创造良好的社会环境。⑤落实有关保护儿童、少年身心健康的法律法规和要求，重视青少年校外基地和社会实践基地建设，帮助学校开展青少年校外教育活动，丰富中小学生校外生活。⑥落实义务教育法，积极配合教育行政部门及学校有效控制中小学生流失。协调配合有关部门做好学前教育工作，确保辖区内托幼园所的保教质量。⑦采取多种形式组织街道干部、社区居民学习教育法律法规全面实施素质教育。⑧完善社区教育管理体制，建立社区教育网络，有计划地在辖区内推进各类学习型组织建设。⑨有计划地对流动人口进行法制教育、公民道德教育和职业道德教育；按有关政策积极做好残疾儿童少年和外来人口适龄儿童少年接受九年义务教育工作。⑩表彰奖励辖区内实施素质教育成绩显著的单位和个人。

五、乡镇政府教育工作机构

乡镇政府是基层国家行政机关，行使本行政区的行政职能。1985 年 11 月，市政府根据《中共中央关于教育体制改革的决定》关于“实现基础教育由地方负责，分级管理的原则”，决定在农村地区逐步实行乡（镇）政府领导和管理中小学教育工作。明确乡镇教育工作由一名主管文教卫的副乡镇长负责，在乡镇核定的行政编制内确定一名教育助理专职管理，由乡（镇）长、教育助理、中学和中心小学校长及有关人员组成教育委员会，负责管理乡（镇）范围内的中小学教育工作。

1988 年 11 月，市政府印发《关于深化农村教育体制改革的意见》，明确在乡 (镇) 范围内的教育事业包括初中、小学、幼儿园、职业技术培训班、乡 (镇) 农民文化学校统由乡 (镇) 政府领导和管理。乡 (镇) 政府要尽快建立健全教育委员会，抓好教育改革，统筹协调教育工作内外部门之间、教育事业发展与社会经济发展之间的关系。要选聘有教育工作经验的优秀干部担任乡 (镇) 政府的教育助理，协助乡 (镇) 长负责教育委员会的日常工作。此后，北京市郊区县各乡镇一般设立教育委员会，未设教育委员会的乡镇设立教育行政助理，负责本乡镇的幼儿园、中小学、成人教育等工作（县直属学校除外）。

1999 年 12 月，市委、市政府印发《关于深化教育改革全面推进素质教育的意见》，明确基础教育主要由区县负责、分级管理的体制，进一步加大区县政府对发展规划、师资经费、招生考试、继续教育等方面的统筹管理权。此后，基础教育管理重心由乡镇逐步转移到区县，各乡镇陆续撤销教育委员会，由教育助理专职管理学前教育、中小学教育、成人教育工作。其具体职责主要包括：加强领导，落实教育优先发展战略地位；贯彻、落实有关教育法律法规与区县教育行政主管部门、辖区内学校共同制定符合本地区实际的教育发展规划，建立实施素质教育的目标责任制；逐步调整辖区内中小学布局，优化资源配置，高标准、高质量推进九年义务教育均衡发展；积极筹措教育经费，改善学校的办学条件；完善辖区内学校队伍建设机制，建立健全实施素质教育表彰奖励制度，形成尊师重教的良好氛围；依法保证辖区内适龄儿童、少年按时入学，保障弱势、残疾学生群体接受教育的权利；积极支持学校德育工作和教学改革，开展学校、家庭、社会“三结合”教育；推进学前教育事业发展，合理规划建设镇、村幼儿园；会同公安、工商、城管等相关部门及村（居）委会加大对学校（幼儿园）周边环境的治理力度，维护学校（幼儿园）的治安安全；促进基础教育、职业教育、成人教育“三教统筹”，积极开展各种形式成人教育培训。

第三节　人事管理

一、人事制度改革

（一）教职工聘任制

1991 年，市成人教育局在北京市教育学院、教育行政学院、广播电视大学、成人教育学院等 7 所院校实行内部管理体制改革试点。1992 年 8 月 31 日，市成人教育局成立北京市成人教育院校改革工作领导小组，在市属成人教育院校全面实施内部管理体制改革。

至 2002 年，市属市管高校和市教委直属事业单位已全部启动聘用合同制工作，学校内部管理改革取得明显成绩。

2005 年 5 月 10 日，市教委制定《北京市高等学校教师职务聘任管理办法》，实行教师职务岗位面向社会公开招聘制度，将教师聘任管理重心下移，引入民主决策和学校内部制约机制，取消教师职务任职资格评审，强化岗位聘任，推进灵活多样的弹性用人机制。年内，有 12 所学校进行教师职务聘任制改革。9 月 8 日，北京市教委和北京市人事局印发《北京市属市管高等学校教师职务聘任制实施意见（试行）》，进一步明确高等学校教师职务岗位要建立分类、分层次的教师岗位体系，可设置为以教学科研为主型岗位、以教学为主型岗位、以科研为主型岗位、以实验技术为主型岗位，并向创新团队、重点学科、重点建设学科及学校重要骨干学科专业倾斜。高等学校教师职务岗位实行结构比例宏观动态管理。学校根据主管部门核定的人员编制和结构比例标准，确定本校教师职务结构比例方案，设置教师职务岗位，并报北京市教育委员会和北京市人事局审核、备案。聘任的教师职务，在平等自愿、协商一致的基础上签订书面聘任合同。合同期满考核合格，根据岗位需要、本人自愿的原则，办理续聘手续。从 2005 年起，北京市市属（市管）普通高等学校试行教师职务聘任制，到 2007 年底前，各高等职业学校、成人高等学校逐步实行教师职务聘任制。

2007 年 9 月 30 日，北京市人事局、北京市教委印发《北京市高等职业学院、成人高等学校教师职务聘任制实施意见（试行）》，推进高职院校、成人高校教师职务聘任制改革工作。意见明确教师岗位可以分别设置为教学岗位（基础课教学岗位、专业课教学岗位）、科研岗位、实训指导岗位。教学岗位主要承担学生基础课和专业课（实践）教学任务并进行教改研究；科研岗位主要承担科研任务；实训指导岗位主要承担实践课、实验、实训等实践环节的教学任务。教师岗位向教学改革试点专业、学校特色专业、创新团队、重点建设专业倾斜。高等职业学院、成人高等学校聘任教师职务，应当在平等自愿、协商一致的基础上签订书面聘任合同。聘任合同包括受聘岗位和职责要求，岗位工作条件和工资福利待遇，岗位纪律和考核要求，聘任合同变更、解除和终止的条件，违反聘任合同的责任，聘任合同期限等。合同期满考核合格，根据岗位需要、本人自愿的原则，办理续聘手续。未聘人员安置应按照北京市有关规定执行。

（二）校长任期制和职级制

1992年10月4日，市委组织部、市委教育工委制定《北京市属高等学校实行校长任期制试行办法》。办法规定，市属高校校长、副校长均实行任期制，一般为4年；学制为5年的学校，任期可为5年；年龄在57岁以上的正副校长不实行任期制。2005年9月，市委教育工委、市教委印发《北京市属市管高等学校校级领导职务任期制办法（试行）》。规定校级党政领导职务每届任期为4年，可以连选、连任。但是在同一职位上连续任职一般不超过两届。校级党政领导职务应按时换届。换届方式和程序，按照中央和市委有关文件执行。换届时，年满58岁（含58岁）的校级领导干部，一般不再连任，保留原级别待遇。年龄不满58岁，任期不满4年不再连任的，不保留原级别。

1994年底，北京市完成对全市中小学校长的全员培训任务。自1995年1月1日起，全市实行中小学校长"持证上岗"制度。凡担任中小学校长（农村乡中心小学、完小以上学校正、副校长）职务者，必须按规定参加校长培训，取得"北京市普通干部岗位培训合格证书"方可任职。

1998年12月，北京市中小学试行校长职级制。市教委、市人事局、市财政局、市编办印发《北京市中小学校长职级制试点工作的意见》明确，中小学校长职级制是在普通中小学设置校长职级序列，对具备任职条件的校长进行科学考评，并依其德识、能力、水平、实绩确定或晋升到相应校长职务等级的事业单位人事管理制度。中小学校长任职必须具备《北京市中小学校长工作意见》（京教工〔1993〕13号）中提出的五项基本条件。任职条件包括：主持学校全面工作的能力；在学校管理、教育改革中取得的成绩；带领教师开展教学、科研的成果；学校在社会上的知名度，以及任校长的年限，等等。校长的聘用，依据校长职级评定的结果，按照干部管理权限的规定，由主管部门对校长实施聘任并颁发聘书。聘任双方签订聘约。聘约应明确校长任期内的目标、职责、权利、义务。校长在任期内作为学校法定代表人，履行校长的职责、权利和义务并享受校长相应职级应有的待遇。对连续两年考核为不合格的，应调离校长岗位，不再享受校长待遇，工资待遇随岗而定；无故不服从工作调动的就地免职。中小学校长职务等级分为五级十等。中小学党支部（总支）书记可参照校长职级意见同时参加职级评定，并享受相应待遇。校长职级制首先在西城区试点。

2000年1月，市教委印发《关于改革人事分配制度深化学校内部管理体制改革的意见》，要求各区县教育行政部门因地制宜地制定方案，进行校长职级制的试点。

（三）工资制度改革

20 世纪 80 年代末，北京教育系统进行学校内部管理体制改革后，实施工资总额包干的校内结构工资制。工资总额包干内容包括：基本工资（基础职务工资、工龄津贴、教龄津贴、护龄津贴），免税限额内奖金；按国家政策规定的范围、标准发放的津贴，加班工资和临时工工资。同时，还可以包括部分福利性津贴（洗理费、防暑降温费等）。校内结构工资由基本工资、教龄津贴、课时津贴、职务津贴和职工岗位津贴、奖励工资等 5 部分构成。基本工资、教龄津贴为校内结构工资中的固定部分；课时津贴、职务津贴和职工岗位津贴、奖励工资为校内结构工资中浮动的部分。浮动部分使用的经费主要是国拨工资中 30% 的津贴部分、年终一次性奖金、班主任津贴及各级政府的补贴专款、学校自筹经费等。

1991 年 11 月，市政府办公厅印发《关于增加市属中小学、幼儿园教职工结构工资问题的通知》，从 1991 年 9 月 1 日起，市属中小学、幼儿园职工每人每月增加结构工资 10 元。增加结构工资所需经费原则上由各区、县人民政府解决。对门头沟、怀柔、平谷、延庆、密云 5 个山区区、县，市政府拨款专款补贴。增加的结构工资专款列入各校（园）结构工资总额，由各中小学、幼儿园集中掌握，不得平均使用。1992 年 12 月，市政府办公厅印发《关于增加市属各级各类学校教职工收入问题的通知》，落实当年市委、市政府为教育所办 10 件实事中关于“继续提高市属各级各类学校教职工待遇，除正常晋职晋级外，从今年 9 月 1 日起，将教职工人均收入再提高 5%”的要求，决定市属各级各类学校教职工每月人均增加收入 14 元。这笔专款纳入各级各类学校工资总额，所需经费原则上由各区县政府和市政府各委办局（总公司）解决。

1994 年 2 月 5 日，人事部、国家教委印发高等学校、中小学、中等专业学校贯彻《事业单位工作人员工资制度改革方案》的三个实施意见，实施职务（技术）等级工资为核心的工资改革。改革后，工资由固定部分与活的部分两块构成。职务（技术）等级工资为工资中固定的部分，主要体现工作能力、责任、贡献、劳动的繁重复杂程度；津贴为工资中活的部分，主要体现各类人员岗位工作特点、实际工作的数量质量差别。在各单位工资总量构成中，职务（技术）等级工资部分占 70%，津贴部分占 30%。学校可根据学校教学、科研和管理工作各自的特点设置教学课时津贴、科研课题津贴、研究生导师津贴、岗位目标管理津贴、领导职务津贴等津贴项目。

高等学校教师（含科研人员）执行高教、科研人员专业技术职务等级工资标准。高等学校均属国家全额拨款事业单位，工资构成中固定部分 70% 和活的部分 30%，以及国家规定的年终奖金，全部由国家财政预算列支。

中等专业学校教师执行中等专业学校教师专业技术职务等级工资标准。中等专业学校的工资实行国家宏观控制和政策指导下的学校自主管理体制。国家对中等专业学校的工资实行宏观管理，制定统一的工资制度、工资政策和工资标准。学校在国家立法和政策规定的范围内，可自主组织实施正常升级，具体确定津贴的分配。中等专业学校在定编定员的基础上，实行工资总额包干，增人不增工资总额，减人不减工资总额，节余的工资由单位自主安排使用。

中小学教师执行中小学教师职务等级工资标准。中小学行政人员实行国家统一规定的事业单位职员职务等级工资制度，执行职员职务等级工资标准。中小学技术工人执行技术等级工资标准，普通工人执行普通工人等级工资标准。幼儿园保育员原则上执行技术等级工资标准。中小学实行严格考核、定期升级制度。考核工作按国家统一规定，并结合中小学的具体情况组织实施。年度考核一般在学年末进行。凡连续两年正常履行教育教学职责，经考核合格的工作人员，每两年晋升一个工资档次。中小学属全额拨款的事业单位，其工资构成中固定部分 70%和活的部分 30%同时实施，由国家财政预算列支，并保证按月足额兑现。

表 4-6　　高教、科研人员专业技术职务等级工资标准表（1994 年）　单位：元／月

职务等级	职务工资标准										津贴部分
	一	二	三	四	五	六	七	八	九	十	
教授 研究员	390	430	470	520	570	620	670	—	—	—	71 ~ 287，全额拨款单位，按在工资构成中占 30% 计算
副教授 副研究员	275	305	335	365	435	475	515	555	—	—	
讲师 助理研究员	205	225	245	265	285	315	345	375	405	435	
助教 研究实习员	165	179	193	213	233	253	—	—	—	—	

表 4-7　　中等专业学校教师专业技术职务等级工资标准表（1994 年）　单位：元／月

职务等级	职务工资标准										津贴部分
	一	二	三	四	五	六	七	八	九	十	
高级讲师	275	305	335	365	395	435	475	515	555	—	64 ~ 238，按在工资构成中占 30% 计算
讲　师	205	225	245	265	285	315	345	375	405	435	
助理讲师	165	179	193	213	233	253	273	293	313	333	
教　员	150	162	174	192	210	228	246	264	—	—	

表 4-8　　中小学教师专业职务等级工资标准表（1994 年）　　单位：元／月

职务等级	职务工资标准										津贴部分
	一	二	三	四	五	六	七	八	九	十	
中学高级教师	275	305	335	365	395	435	475	515	555	—	62–238（按工资构成中的30% 计算
中学一级小学高级	205	225	245	265	285	315	345	375	405	435	
中学二级小学一级	165	179	193	213	233	253	273	293	313	333	
中学三级小学二级	150	162	174	192	210	228	246	264	—	—	
小学三级教师	145	156	467	183	199	215	231	—	—	—	

2000 年 12 月 31 日，市教委印发《北京市属（市管）高等学校特聘教授岗位津贴实施办法》，决定特聘教授在聘期内享受特聘教授岗位津贴。特聘教授岗位津贴标准为每人每年 8 万元，同时享受学校按照国家有关规定提供的工资、保险、福利待遇。在岗位工作时间不足 6 个月的可以作为讲座教授予以聘任，津贴按实际在校工作日累计计算，累计一个月（22 天）按 10000 元（税前）计发。

2001 年 1 月 1 日起，国家调整机关、事业单位工作人员工资标准，增加离退休人员离退休费。事业单位从 2001 年起执行发放年终一次性奖金的规定。教授研究员的职务等级工资起点调整到 668 元，中专、技校高级讲师和中学高级教师职务等级工资起点调整到 498 元。

2006 年 7 月 1 日，公务员实行国家统一的职务与级别相结合的工资制度，事业单位实行岗位绩效工资制度。岗位绩效工资由岗位工资、薪级工资、绩效工资和津贴补贴四部分组成，其中岗位工资和薪级工资为基本工资，执行国家统一的政策和标准。

高等学校岗位分为专业技术岗位、管理岗位和工勤技能岗位。其中，专业技术岗位设置 13 个等级。聘用在教授一级岗位的人员，执行一级岗位工资标准；聘用在教授二级岗位的人员，执行二级岗位工资标准；聘用在教授三级岗位的人员，执行三级岗位工资标准；聘用在教授四级岗位的人员，执行四级岗位工资标准；聘用在副教授一级岗位的人员，执行五级岗位工资标准；聘用在副教授二级岗位的人员，执行六级岗位工资标准；聘用在副教授三级岗位的人员，执行七级岗位工资标准；聘用在讲师一级岗位的人员，执行八级岗位工资标准；聘用在讲师二级岗位的人员，执行九级岗位工资标准；聘用在讲师三级岗位的人员，执行十级岗位工资标准；聘用在助教一级岗位的人员，执行十一级岗位工资标准；聘用在助教二级岗位的人员，执行十二级岗位工资标准。

中等职业学校（含普通中等专业学校、职业高中、成人中等专业学校）教师的岗位工资和薪级工资标准，在新的专业技术人员基本工资标准的基础上分别提高 10%。聘用在高级讲师、中学高级教师一级岗位的人员，执行五级岗位工资标准；聘用在高级讲师、中学高级教师二级岗位的人员，执行六级岗位工资标准；聘用在高级讲师、中学高级教师三级岗位的人员，执行七级岗位工资标准；聘用在讲师、中学一级教师一级岗位的人员，执行八级岗位工资标准；聘用在讲师、中学一级教师二级岗位的人员，执行九级岗位工资标准；聘用在讲师、中学一级教师三级岗位的人员，执行十级岗位工资标准；聘用在助理讲师、中学二级教师一级岗位的人员，执行十一级岗位工资标准；聘用在助理讲师、中学二级教师二级岗位的人员，执行十二级岗位工资标准；聘用在教员、中学三级教师岗位的人员，执行十三级岗位工资标准（附表一）。对承担教育教学工作任务较重、业务水平较高、表现突出的骨干教师和优秀班主任，优先聘任到较高等级岗位，并执行相应的岗位工资标准。

中小学（含普通中学、普通小学、幼儿园、特殊教育学校、工读学校、职业初中和成建制中、初等成人学校）教师岗位工资和薪级工资标准，在新的专业技术人员基本工资标准的基础上分别提高 10%。义务教育学校教师的平均工资水平应当不低于当地公务员的平均工资水平。聘用在中学高级教师一级岗位的人员，执行五级岗位工资标准；聘用在中学高级教师二级岗位的人员，执行六级岗位工资标准；聘用在中学高级教师三级岗位的人员，执行七级岗位工资标准；聘用在中学一级教师一级岗位和小学高级教师一级岗位的人员，执行八级岗位工资标准；聘用在中学一级教师二级岗位和小学高级教师二级岗位的人员，执行九级岗位工资标准；聘用在中学一级教师三级岗位和小学高级教师三级岗位的人员，执行十级岗位工资标准；聘用在中学二级教师一级岗位和小学一级教师一级岗位的人员，执行十一级岗位工资标准；聘用在中学二级教师二级岗位和小学一级教师二级岗位的人员，执行十二级岗位工资标准；聘用在中学三级教师、小学二级教师、小学三级教师岗位的人员，执行十三级岗位工资标准。

薪级工资主要体现工作人员的工作表现和资历。对专业技术人员和管理人员设置 65 个薪级，对工人设置 40 个薪级，每个薪级对应一个工资标准。对不同岗位规定不同的起点薪级。

绩效工资主要体现工作人员的实绩和贡献，是收入分配中活的部分。教育主管部门按照同级政府人事部门和财政部门核定的绩效工资总量，综合考虑所属高等学校的社会公益目标任务完成情况、绩效考核情况、事业发展、人员规模、岗位设置等因素，具体核定所属学校的绩效工资总量。各类学校在核定的绩效工资总量范围内，按照规范的分配程序和要求，采取灵活多样的分配形式和分配办法，自主分配。实行绩效工资后，取消现行年终一次性奖金，将一个月基本工资的额度以及地区附加津贴纳入绩效工资。

2006 年 7 月 1 日起，年度考核结果为合格及以上等次的学校工作人员，每年增加一级薪级工资，并从第二年 1 月起执行。

表 4–9　　事业单位专业技术人员基本工资表（2006）　　单位：元 / 月

岗位工资	薪级工资									
岗位工资标准	薪级	工资标准	薪级	工资标准	薪级	工资标准	薪级	工资标准	薪级	工资标准
一级 2800	1	80	14	273	27	613	40	1064	53	1720
二级 1900	2	91	15	295	28	643	41	1109	54	1785
三级 1630	3	102	16	317	29	673	42	1154	55	1850
四级 1420	4	113	17	341	30	703	43	1199	56	1920
五级 1180	5	125	18	365	31	735	44	1244	57	1990
六级 1040	6	137	19	391	32	767	45	1289	58	2060
七级 930	7	151	20	417	33	799	46	1334	59	2130
八级 780	8	165	21	443	34	834	47	1384	60	2200
九级 730	9	181	22	471	35	869	48	1434	61	2280
十级 680	10	197	23	499	36	904	49	1484	62	2360
十一级 620	11	215	24	527	37	944	50	1534	63	2440
十二级 590	12	233	25	555	38	984	51	1590	64	2520
十三级 550	13	253	26	583	39	1024	52	1655	65	2600

说明：各专业技术岗位的起点新级分别为：一级岗位 39 级，二至四级岗位 25 级，五至七级岗位 16 级，八至十级岗位 9 级。十一至十二级岗位 5 级，十三级岗位 1 级

二、师资管理

（一）教师资格认定

1994 年 1 月 1 日起施行《中华人民共和国教师法》（以下简称《教师法》）明确规定：国家实行教师资格制度。1995 年 12 月，国务院依据《中华人民共和国教师法》发布《教师资格条例》，规定从事教育教学工作，应当依法取得教师资格。同月，国家教委印发《教师资格认定的过渡办法》。教师资格制度是法定的教师职业许可制度。教师资格分为 7 类：幼儿园教师资格，小学教师资格，初级中学教师资格和初级职业学校文化课、专业课教师资格（统称初级中学教师资格），高级中学教师资格，中等专业学校、技工学校、职业高级中学文化课、专

业课教师资格（统称中等职业学校教师资格），中等专业学校、技工学校、职业高中实习指导教师资格（统称中等职业学校实习指导教师资格），高等学校教师资格。取得教师资格的人员，可以在本级及其以下等级的各类学校和其他教育机构担任教师；取得中等职业学校实习指导教师资格的人员只能在中等专业学校、技工学校、职业高中或者初级职业学校担任实习指导教师。高级中学教师资格与中等职业学校教师资格相互通用。

1997 年 4 月 17 日，北京市实施《教师资格认定的过渡办法》，进入各级各类学校任教的教师必须具备《教师法》规定的教师资格条件。凡不具备《教师法》规定的教师资格条件的人员一律不得再进入学校任教。已取得教师资格尚不具备《教师法》规定学历的教师，应经过进修培训达到《教师法》规定的学历要求。今后较低层次学校的教师向较高层次学校流动，必须在先取得相应层次学校教师资格的前提下进行。教师资格过渡的范围：1993 年 12 月 31 日在岗、在编的各级各类学校和其他教育机构中从事教育教学工作的在职教师及承担教育教学任务的其他人员，符合教师资格过渡条件的，均可参加教师资格过渡。1993 年 12 月 31 日前已退 (离) 休或调离学校的教师和其他人员以及 1994 年 1 月 1 日以后补充到教师队伍的人员，不属于教师资格过渡范围。过渡时间从 1997 年 4 月开始至 7 月底结束。

2001 年 7 月 5 日，北京市依据国家《教师资格条例》，制定具体实施办法和教育教学能力测试标准等一系列相关文件，启动首次教师资格认定。首次教师资格认定工作范围为具备《教师法》规定的教师资格条件的人员，包括：1994 年 1 月 1 日以后补充到教师队伍中的在职教师；原在列入国民教育序列的各级各类学校中任职，现已离退休的教师（含 1993 年 12 月 31 日以前离退休教师）；其他符合《教师法》规定的学历条件的人员。

申请认定幼儿园教师资格，应当具备幼儿师范学校毕业或以上学历；申请认定小学教师资格，应当具备中等师范学校毕业或以上学历；申请认定初级中学教师资格，应当具备高等师范专科学校、其他大学专科毕业或以上学历；申请认定高级中学教师资格，应当具备高等师范院校本科、其他大学本科毕业或以上学历；申请认定中等职业学校教师资格，应当具备高等师范院校本科、其他大学本科毕业或以上学历；申请认定中等职业学校实习指导教师资格，应当具备中等职业学校、普通高级中学毕业或以上学历。对于确有特殊技艺者，经市教委批准，其学历要求可适当放宽；申请认定高等学校教师资格，应当具备研究生或大学本科毕业学历。

市教委负责认定高级中学教师资格、中等职业学校教师资格、中等职业学校实习指导教师资格和高等学校教师资格。各区、县教委（教育局）认定幼儿园教师资格、小学教师资格和初级中学教师资格。接受委托的普通高等学校认定本校拟聘人员的高等学校教师资格。

申请教师资格认定人员应通过由市教委指定部门组织的教育学、心理学等有关科目的培训。申请认定高等学校教师资格人员由北京师范大学和北京市高校师资培训中心负责组织培训；申请认定中等职业学校、高级中学、初级中学及小学教师资格人员由北京教育学院负责组织培训；申请认定幼儿园教师资格人员由北京幼儿师范学校负责组织培训。高等学校拟聘任副教授以上教师职务或具有博士学位的人员申请认定教师资格，免于面试、试讲和普通话水平测试。各级各类学校师范教育类毕业生，可以持毕业证书向其工作单位或户籍所在地教师资格认定机构申请直接认定相应的教师资格。应届师范毕业生可以在毕业前的最后一个学期持学校出具的思想品德鉴定、学业成绩单和其他申请材料向就读或拟任教学校所在地教师资格认定机构申请认定教师资格。

2001 年 10 月 26 日，市教委印发《关于委托有关高校认定教师资格的通知》，委托清华大学等 59 所普通高等学校认定本校拟聘人员高等学校教师资格。12 月 24 日，市教委、市卫生局印发《北京市教师资格认定体格检查工作实施细则》。

至 2002 年底，北京地区各级教师资格认定机构共受理教师资格认定申请 83955 人。其中，在职教师 65756 人（高中教师 19281 人），离退休教师 18199 人。共认定教师资格 46166 人。其中，高等学校教师资格总数 22479 人，高级中学教师资格 19281 人，中等职业学校教师资格 3412 人，中等职业学校实习指导教师资格 994 人。

2002 年 3 月，市教委印发《关于全面实施教师资格制度的通告》，自 5 月 8 日起，北京市全面实施教师资格制度。同时，制定《北京市教师资格教育教学能力测试标准及办法》，对幼儿园、小学、初级中学、高级中学、中等职业学校和高等学校教师资格教育教学能力的测试做出明确的规定。2004 年 2 月 27 日，市教委就全面实施教师资格制度再次发布通告。

2004 年 5 月，北京市首次面向社会认定教师资格。非师范教育专业毕业申请认定教师资格需补修教育学、心理学，并经考试取得合格证书，师范教育类专业毕业生无需参加教育学、心理学考试及教育教学能力测试。除 1965 年 1 月 1 日以前出生的人员和高等学校拟聘任副教授以上教师职务或具有博士学位者外，均需进行普通话水平测试，合格标准为国家语言文字工作委员会颁布的《普通话测试等级标准》二级乙等以上。当年组织两次全市教育学和教育心理学统一考试，8000 人参加考试。受理教师资格认定申请 33256 人，32663 人取得教师资格。其中，市教委（含委托普通高校）认定 22487 人，包括高级中学、中等专业学校和高等学校；区县认定 10176 人，包括幼儿园、小学和初级中学。此后，北京市教师资格认定工作逐渐转入常规，每年春季和秋季各受理一次，每年有 1 万余人左右获得教师资格。

2005 年 3 月，市教委委托中国科学院研究生院认定本校拟聘人员高等学校教师资格，全市认定本校拟聘人员高等学校教师资格的高校达到 60 所。

2008 年 3 月，市教委批复北京教育学院同意设立北京市教师资格认定工作办公室，挂靠北京市中小学中等职业学校教师培训中心。办公室主要职能为：受理申请认定高级中学教师资格的报名审核工作，组织专家进行教育教学能力测试工作。负责编写教育学、教育心理学教材及考试大纲的组织工作及考试命题工作。负责教育学、教育心理学考试的报名、组考、阅卷、成绩发布、证书发放等相关工作。负责制定教师资格认定考试管理的相关规定，承担有关教师资格认定的政策咨询。负责全市教师资格认定工作的各项数据统计、发放教师资格证书等工作。

2010 年 8 月 2 日，市教委和市卫生局对 2001 年市教委和市卫生局制定的《北京市教师资格认定体格检查工作实施细则》做出修改，删除附件二中第 4 条：“各型肝炎病毒携带者或丙氨酸氨基转移酶升高者，不宜从事幼儿教育教学及食品科学等相关工作”。9 月 9 日，市教委印发《关于教育学、教育心理学实行统一考试有关问题的通知》。该通知规定，从 2011 年起，非师范教育类毕业的人员申请幼儿园、小学、初级中学、高级中学、中等职业学校实习指导教师资格必须通过市教委统一组织的教育学、教育心理学考试。该考试定于每年 3 月初举行。实行统一考试后，原相关免试的规定不再执行。

2010 年，北京市 11450 人通过教师资格认定。全市各级教师资格认定机构和依法接受委托的普通高等学校共受理教师资格认定申请 14325 人，认定 11450 人。其中，市教委和依法接受委托的普通高等学校共认定 6645 人，包括高级中学教师资格、中等专业学校教师资格、中等专业学校实习指导教师资格和高等学校教师资格；区县教委认定 4805 人，包括幼儿园教师资格、小学教师资格、初级中学教师资格。

（二）教师职务评聘

北京市教师职务聘任始于1986年。中学教师职务设中学高级教师、中学一级教师、中学二级教师、中学三级教师。中学高级教师为高级职务，中学一级教师为中级职务，中学二级教师和中学三级教师为初级职务。市教育局负责组建中学高级教师职务评审委员会负责中学高级教师职务任职资格的审定工作。区、县教育局负责组建中学中级教师职务评委会，负责中学一级教师职务任职资格的评审工作。学校负责组建中学初级教师职务评审小组，负责中学二、三级教师任职资格的评审工作。小学教师职务设小学高级教师、小学一级教师、小学二级教师、小学三级教师。区、县教育局负责组建小学高级教师职务评审委员会，负责小学高级教师职务任职资格的评审工作，并对符合中学高级教师职务任职条件的教师提出推荐意见，报市中学高级教师职务评委会审定。小学（或乡中心）成立教师职务评审小组，负责小学一、二、三级教师职务任职资格的评审工作，并对符合小学高级教师职务任职条件的教师提出推荐意见。幼儿园教师职务设幼儿园高级教师、幼儿园一级教师、幼儿园二级教师、幼儿园三级教师。幼儿园高级教师相当小学高级教师，为高级职务；幼儿园一级教师相当小学一级教师，为中级职务；幼儿园二级教师和三级教师，相当小学二级教师和三级教师，为初级职务。幼儿园教师职务评审参照小学小学教师职务评审有关规定进行。

高等学校教师职务设助教、讲师、副教授、教授。市高等学校教师职务评审委员会，负责本市高等学校教授、副教授任职资格的审定工作。普通高等学校教师职务评委会，审定讲师以下（含讲师）职务任职资格；评议提出符合教授、副教授任职资格的意见，报市教师职务评委会审定。经授权，部分学校评委会或学科评议组可以审定副教授、教授的任职资格或评议副教授、教授的任职资格。

中等专业学校教师职务设教员、助理讲师、讲师、高级讲师。高级讲师为高级职务，讲师为中级职务，助理讲师和教员为初级职务。市高教局负责组建市中等专业学校教师高级职务评审委员会，审定市属中等专业学校高级讲师任职资格，并报市职称改革办公室和国家教委备案。市属中等专业学校业务主管局（总公司）成立中等专业学校教师中级职务评审委员会审定本系统本单位中等专业学校讲师任职资格，报市高教局备案。各中等专业学校成立教师职务评审组审定助理讲师、教员任职资格，并报业务主管局（总公司）备案。

各类教师职务一般实行任命制，均有一定的任期。经核定的教师职务限额，学校不得自行突破。

1990年，市高教局在首次评聘工作结束后，进行的一次过渡性的评聘。全市 70 所高校上报市评审会 1321 人，通过 1050 人 (通过率为 79.5%)。其中，申报高级正职的 336 人，通过 246 人 (通过率为 73.2%)；申报高级副职 898 人，通过 740 人 (通过率为 82.4%)；申报中级职务 87 人，通过 70 人 (通过率为 80.5%)。

1991 年，北京市举行第二次中小学专业技术职务评审、聘任工作，全市中小学共有 39913 人评聘或晋升专业技术职务。其中，高级职务 3486 人，中级职务 11570 人，初级职务 24857 人。

1991 年起，北京市教师职务评聘工作转为经常性工作，每年评审一次。

1993 年，北京市教师职务评委会对高校中具备条件的学科评议组通过评审，下放学科评议权。当年 21 所学校申报了 54 个学科评议组的副教授或教授、副教授的学科评议权，共批准了 17 所学校的 34 个学科组具有学科评议权。其中，取得教授、副教授评议权的有 9 个学科组，取得副教授评议权的有 25 个学科组。

1994 年，北京市职称改革工作领导小组办公室对各系列专业技术职务的管理权限进行了调整，北京市高教局负责评审任职资格的专业技术职务系列范围是市属高校教师、科研、工程、实验、图书资料。其中，前 4 个系列为高级职务任职资格，图书资料系列为中、高级职务任职资格。同时，北京市高教局仍然负责部委在京院校教师高级职务任职资格的评审工作，并且受有关部委的委托代为评审其在京院校中科研、工程、实验、图书资料各系列专业技术职务任职资格。

1997 年，市职改领导小组明确市教委牵头组织的专业技术职务任职资格评审范围。高等学校中，负责组织高等学校教师和教育管理研究高、中级职务任职资格的评审；负责市属高校并接受部委在京高校委托组织评审科研、工程、实验系列高级职务和图书资料系列的高、中级职务的任职资格。中等专业学校中，负责本市中等专业学校并接受部委在京中等专业学校上级主管部门的委托组织评审中专高、中级教师职务的任职资格。中学负责组织中学部分学科高级教师职务和普教学校图书资料系列中、初级职务任职资格评审。小学 (幼儿园) 负责组织评审小学教师中的中学高级教师职务。市教委对市属单位的评审实行下管一层的管理办法，即除直接管理市属普通高校及市教委直属单位外，对其他单位一律通过区、县教育主管部门或学校主管委、办、局 (总公司) 进行管理。

1997 年，市职改办对原北京市高等学校教师高级职务评委会和北京市成人高等学校教师高级职务评委会进行换届调整，合并成立北京市高等学校教师高级职务评委会。同年，市教委发出通知，规定市属普通高等学校职务限额继续按原规定结构比例控制，成人高等学校和部委在京普通高等学校职务限额按行政隶属关系由上级主管部门决定。

1999 年，市科干局、市人事局和市教委对各类民办学校的专任教师职称评定问题做了具体规定，并将民办学校教师的职称工作纳入全市教师专业技术职务评聘工作中进行统一管理。申报教师职务的教师应是经教育行政部门批准的民办学校的专任教师，其户口为北京户口，人事档案存放在北京市人才交流机构。申报教师职务人员应填写相应教师职务申报表，经所在学校审核同意并签署推荐意见，再由本人档案的管理部门审核同意后报到市职改办。

2002 年 5 月，市教委印发《关于北京市教育系统 2002 年专业技术职务评聘工作有关问题的通知》，要求申报晋升高等学校教师、科研系列正高级职务人员的评审答辩程序在市教委高评委进行，副高级专业技术职务评审权下放至部分实施本科学历教育的市属市管普通高等学校。“高等学校教师职务聘任委员会”更名为“高等学校教师职务评审委员会”。8 月，北京 17 所市属市管高校获得副高级高校教师系列专业技术职务评审权，分别是：北京电影学院、北京机械工业学院、北京工商大学、首都经济贸易大学、北京农学院、中国音乐学院、北京石油化工学院、北京舞蹈学院、北方工业大学、北京服装学院、北京建筑工程学院、首都体育学院、北京信息工程学院、首都医科大学、北京印刷学院、首都师范大学、北京物资学院。

2003 年，中学教师职务评审制度改革，中学教师高级专业技术职务评审权下放至区县教委。

2004 年 3 月 29 日，市人事局、市教委印发《中小学教师职务任职资格条件》，同时规定，自 2004 年起，中学二级教师、小学二级教师、小学一级教师职务由用人单位按岗位需要，符合《资格条件》，经考核合格，直接聘任相应教师职务。中学一级教师、中学高级教师、小学高级教师职务不再办理资格认定，相应教师职务均应通过评审取得。

2005 年 5 月 10 日，市人事局、市教委印发《北京市高等学校教师职务聘任管理办法》《北京市高等学校教师职务岗位结构比例和高级职务岗位设置的意见（试行）》，2007 年 9 月 30 日印发《北京市高等职业学院、成人高等学校教师职务聘任制实施意见》，北京高等学校全面实行教师职务聘任制。高等学校教师职务聘任遵循按需设岗、公开招聘、平等竞争、择优聘任、严格考核、合同管理的原则进行。应聘人员申请在符合国家规定的高等学校教师职务任职基本条件，并具备履行应聘职务岗位职责的教学、科学研究能力和实践能力条件下，经学校教师职务聘任委员会考核、评议、公示后聘任。聘任合同期满，考核合格，学校与受聘人员可按照岗位需要、本人自愿的原则，办理续聘手续，签订新的聘任合同。教师的工资收入按照“以岗定薪，岗变薪变”的原则，根据聘期内所聘职务确定。

2006年，市教委会同市人事局制定《北京市属市管高等学校岗位设置管理实施指导性意见》，完善市属市管高等学校教师职务聘任工作。

2010年，全市共有423人申报晋升高校教师、科研（含高校教育管理研究）两个系列专业技术职务。经高校教师职务专业学术评议委员会评议审定，共308人晋升专业技术职务，其中晋升高级专业技术职务56人、副高级职务160人、中级职务92人。北京市中等专业学共168人申报晋升专业技术职称，其中申报高级讲师72人、讲师78人、助理讲师8人，高级实验师1人、实验师9人。经教师高、中级职务评委会认定，共112人晋升专业技术职称，其中高级讲师41人、讲师54人、主力讲师8人、高级实验师1人、实验师8人。全市16个区县共推荐申报中学教师（管理）高级职称94人，经中学教师（管理）高级职务评委会召开评审会议认定，89人晋升专业技术职称。

三、教师干部继续教育

（一）职业和成人教育教师继续教育

1997年9月29日，市教委印发《北京市职业高中专业课教师“九五”继续教育工作的意见》，对专业课教师继续教育的内容作出规定。

1997年10月24日，市教委制定《北京市成人学校教师继续教育工作意见》，规定继续教育的对象为成人高等学校、成人中等专业学校、成人中等学校（包括职工学校、职工中学、乡镇成人学校）和其他成人教育机构以及社会力量举办的中、高等学校，男55岁以下（1942年7月1日以后出生），女50岁以下（1947年7月1日以后出生）的专任教师。继续教育内容包括成人教育基础，人教育政策法规，教师职业道德修养，有关学科的新理论、新知识、新技术、新方法，成人教育教材教法，现代教育教学技术，本专业、本课程实际操作及实践方面的训练，计算机和外语，成人教育教学研究和教育科学研究，成人教育改革信息，研究生课程。其中，成人教育基础、人教育政策法规、教师职业道德修养为全体教师必修课，计算机和外语为40岁以下教师的必修课，其他内容为选修课。基础必修课应占20%，本专业必修课(含公共专业)应占60%，其他选修课应占20%。1957年7月1日以后出生的成人高校青年教师计算机要达到国家计算机等级考试一级水平，外语要达到大学英语四级水平（其他语种达到相应水平）；成人中等专业学校和成人中等学校的青年教师计算机要达到国家计算机等级考试一级B类水平，外语要达到本市专业技术人员评聘专业技术职务所要求的外语水平。成人高校教师应当具备研究生或者大学本科毕业学历，成人中等专业学校和成人高中学校教师应当具备大学本科毕业及其以上学历，成人初中和乡镇成人学校教师应当具备大学专科毕业及其以上学历。到2000年底以前各级各类成人学校教师要达到规定的学历，未取得合格学历的应调离其所在教学岗位。

2002年以后，中等职业学校教师继续教育工作和中小学、幼儿园教师继续教育实行统一管理。

（二）职教成教干部培训

1997年10月，市委教育工委、市教委印发《北京市成人教育管理干部和教师培训办法》，成人院校管理干部培训工作纳入规范化轨道。成人教育管理干部培训，是指对市、区（县）政府从事成人教育行政管理的干部、各委（办）局、总公司和大中型企业从事教育管理的干部、各级各类成人学校、民办学校及教育培训机构的校长（主任）及其他管理干部进行的培训。

培训分为：资格性岗位培训、继续教育和学历教育三类。其中，资格性岗位培训和适应性岗位培训。资格性岗位培训内容，由主体课、专题讲座、社会考察三部分组成。主体课程按照国家教育委员会的统一要求，采用“2＋1”规范性岗位培训结构模式，开设《成人教育基础》《成人教育政策法规》和与培训对象岗位工作相关的《管理实务》三门课程；专题讲座，重点讲邓小平教育理论以及国际国内成人教育发展的新形势、新理论、新经验；安排联系实际的成人教育社会考察活动。

参加资格性岗位培训并经考试、考核合格的，颁发由市教委统一印制并加盖其公章（钢印）的资格性岗位培训证书。参加适应性岗位培训并经考试、考核合格的，颁发由市成人教育学院统一印制并加盖其公章（钢印）的适应性岗位培训证书。对参加继续教育的成人教育管理干部，按照市教委和市科技干部局的要求，填写市科技干部局统一印制的“继续教育登记证书”。成人教育管理干部按规定接受岗位培训、继续教育和学历教育，经考试、考核合格取得证书，应作为任职或者聘任资格的基本依据，并作为评选优秀干部或者优秀教师、定级、晋升职务的一个基本条件。凡在限定期间内，无故不接受培训，未取得应有的证书者，不得再从事成人教育管理工作或者教学工作。市成人教育学院是成人教育管理干部、教师培训的基地。

1998年，市教委委托市成人教育学院举办4次岗位资格培训，分别有34所民办高等学校校长、32 所职工中专学校校长、30 所示范乡校校长和 40 名铁路局成人教育管理干部参加学习。

1999 年，北京市成人教育管理干部培训成人中等专业学校校长 26 人、民办高校校长 17 人、示范乡校校长 20 人、民办中等学校校长 1225 人。经培训考试共有 1288 人取得岗位培训证书。全市 18 个区县有 16 个区县开展民办学校校长岗位资格培训工作，培训率达到 80%。共培训区县、委办局教育管理干部 83 人，经考试 83 人全部取得适应性岗位培训证书。

2001 年 9 月 18 日，市委教育工委、市教委、市劳动社保局印发《北京市职业教育成人教育干部培训"十五"规划》，自此，北京市职业教育、成人教育干部培训实行统一管理。

"十五"计划期间，职成教干部培训以因地制宜和分类指导的原则，建立职成教干部经岗位资格培训持证上岗的制度和不断更新知识的提高培训制度。培训的对象包括：普通中等专业学校、职业高中、技工学校、职业技术学校的校长、书记（含副职）；中等及中等以下各类成人学校及职业教育培训机构（含社会力量举办学校和乡镇成人学校）的校长、书记；学校的中青年校级后备干部及其他管理干部。

"十五"计划期间，北京市职成教干部培训主要任务分为岗位资格培训、提高培训、高级研修培训和短期专题培训四大类。其中，岗位资格培训是指按照岗位工作的要求进行的干部履行岗位职责能力的培训。凡未参加过岗位资格培训的在职职业教育、成人教育校级干部（含拟任职的中青年后备干部），须在 2003 年底以前参加岗位资格培训并取得任职资格证书，其他教育管理干部最迟应在 2005 年年底前取得任职资格证书。培训执行北京市职成教系统干部岗位培训统一的教学计划，培训时间累计不少于 3 60 学时，其中集中培训不少于 150 学时。提高培训是对已经做到持证上岗的职成教党政干部进行的知识更新、拓展和加深的教育。已取得市教委及市属委、办、局（总公司）颁发的岗位资格培训证书的职成教党政干部每五年要参加一次提高培训。培训时间五年累计不少于 360 学时，其中参加市教育主管部门组织的集中培训不少于 80 学时。高级研修培训是对有较丰富办学经验和较强研究能力的校长、书记进行的培训。培训时间五年累计不少于 360 学时，集中培训不少于 150 学时。短期专题培训是围绕市职业教育和成人教育系统的党政中心工作和教育改革发展中的热点难点问题组织的短期专题培训。由市、区县教育部门组织。

2001 年起，职成教干部培训纳入北京市教育干部培训总体规划，由"北京市普教系统干部队伍建设与培训领导小组”协调实施，培训方案、培训业务、教学和教研工作、考核发证等由领导小组办公室负责。具体培训工作按照干部管理权限，实行分级管理分级负责。各区县、委办局（总公司）根据全市干训规划的要求制定各自的职成教干部培训规划、计划并组织实施。市教委直属中等专业学校校级领导干部的培训，由市委教育工委干部处提出计划，北京教育学院负责培训的具体组织实施工作。各区县、局（总公司）负责各自所属中等专业学校、职业高中、中等及中等以下成人教育机构领导干部的培训工作。市劳动社保局统一管理北京市技工学校、职业培训机构校级领导干部培训，北京市职业技能培训指导中心承担全市技工学校、职业培训机构领导干部培训管理的职能，负责培训的具体组织实施工作。

（三）普职成教干部培训

2002 年 4 月，北京市成立“北京市普职成教系统干部队伍建设与培训领导小组”，统一领导中小学、职业教育、成人教育干部培训工作。同时，“北京市普教系统干训中心”更名为“北京市普职成教干部培训中心”，归属“北京市普职成教系统干部队伍建设与培训领导小组”领导，办公地点设在北京教育学院。“北京市普职成教干部培训中心”负责北京市普教职教成教干部培训工作的统筹规划、协调服务、业务指导和督导检查的任务。

2006 年 4 月 4 日，北京市召开北京市普职成教系统领导干部培训工作会，启动北京市普教职教成教系统“十一五”规划干部培训工作。依据《北京市普职成教干部培训“十一五”规划》，在 2010 年前，分岗分层组织开展新一轮干部全员培训，完成对所有培训对象累计 360 学时以上的培训。

分岗培训对象

分岗培训对象包括职业教育、成人教育在内的各类学校（幼儿园）正职校长、书记，德育、教学、总务后勤分管副校长，校级后备干部以及区县教育行政部门干部。

课程设置

“十一五”规划干部培训根据不同的对象、岗位和层次设置不同的课程。

1. 任职资格培训。中小学校长任职资格培训是按照中小学校长任职资格标准和岗位规范要求，对新任校长或拟任校长进行以掌握履行岗位职责必备的知识和技能为主要内容的培训。培训时间累计为 360 学时。任职资格培训课程设置以岗位任职需要的“应知”、“应会”即基本知识和基本专业技能的培训为重点，采用“宽基础 + 活模块”的课程设置模式，由必修、选修和综合实践课程组成。校长兼任党支部书记、专职副书记单独组织任职资格培训班，因无法单独组班而参加校长任职资格培训的，在选修课中安排 80 学时的支部书记岗位专业知识技能培训。中等职业学校校长与中小学校长共同参加校长任职资格培训，在选修课中安排 80 学时的职业学校校长岗位专业知识技能培训。幼儿园长培训单独组织任职资格培训班，因无法单独组班而参加校长任职资格培训班的，应在选修课中安排 80 学时的园长岗位专业知识技能培训。

表 4–10　　任职资格培训的课程设置表

课程类型	课程模块	主要内容	备注
必修课 （不少于 180 学时）	1．政治理论与教育法规政策 2．学校管理理论与实践 3．校长专业发展 4．教育理论与技术	邓小平理论、江泽民文选、“三个代表”重要思想、科学发展观、党和国家有关教育的重要法规政策；学校管理的基本理论和基本技能知识；校长休养与发展理论；管理心理、教育心理与心理健康知识；教育教学理论和国内外教育动态	模块 1 中“教育法规政策”需安排 32 学时；模块 3 中“管理心理学”需安排 16 学时，这两门课要求进行笔试
选修课 140 学时	因岗、因地、因人制宜安排培训内容，并突出区县特色课程	针对不同领导岗位安排专门的“应知”、“应会”知识技能学习；经济社会发展的通知培训；人文修养等	
综合实践课 （不少于 40 学时）	学习考察、校际互访和挂职锻炼等	初步熟悉校长管理工作实际业务要点和工作流程	

2．提高培训。中小学校长提高培训是面向已取得任职资格培训证书的在职校级干部进行的以更新教育观念、学习新知识、掌握新技能、提高管理能力、研究和交流办学经验等为主要内容的培训。培训时间为平均每年 72 学时，5 年累计不少于 360 学时。培训课程设立学校领导与战略管理、学校人力资源和财务管理、教育教学管理等课程模块；总课时中应设立不少于 80 学时的技能提高或综合实习模块及 80 学时的自修模块；各区县还可根据实际需要灵活增加专题和内容。

3．高级研修培训。中小学校长高级研修培训是对具有一定办学经验、有一定理论修养和研究能力的校长进行的培训，目的是培养骨干校长和办学带头人，起到示范引领作用。根据校长岗位的不同，要有针对性地设立领导力测试与校长修养、宏观教育发展背景、学校发展与管理、教育教学改革、综合实践和专题研究等课程模块。为实现校长与学校共同发展，应开设关于学校改进、校长专业发展和提高自身修养等课程。

培训管理

干部培训由市区两级共同管理。市委教育工委统一领导全市普职成教干部培训工作。中小学领导干部的任职资格培训、提高培训和区县围绕中心工作开展的各种短期培训，由各区县委教育工委主管、区县干训机构负责组织实施。全市统一举办的分层、分岗研修培训和围绕中心工作开展的各种短期培训由普职成教干训中心办公室制定年度计划，市级培训机构组织实施。校长、书记高级研修班培训及干训师资和教育行政干部研修培训原则上由市级培训机构举办、委托高校举办或与高校合办，由市教育学院（教育党校）负责制定年度培训计划，经市委教育工委审批后组织实施。

中小学领导干部的任职资格培训、提高培训和高级研修培训的证书由市普职成教干部培训中心统一制作。其中任职资格培训和高研培训证书由市教委和培训机构共同验印；其他培训按照“谁培训谁发证”的原则，由培训机构单独验印或培训机构与其同级主管部门共同验印。

“十一五”规划期间，普职成教系统干部培训工作组织开展五项重点培训工程，包括农村校长培训工程、城区初中校长培训工程、职业学校与成人学校校长培训工程、名校长培养培训工程、区县教育党政干部培训工程。至 2011 年，北京市全面完成北京市普职成教干部培训“十一五”规划。

第五章　专　记

北京高校函授和夜大学教育评估取得成果（1996年）

北京有65所普通高等学校，举办函授和夜大学教育的学校有61所。参加北京函授和夜大学教育评估的学校共33所，其中北京市所属高校13所、部委所属高校20所，举办函授教育的高校21所，举办夜大学教育的高校24所。北京函授和夜大学教育评估工作分为以下几个阶段：

（一）明确目的，组织落实。1995年9月20日，原北京市高教局发出《关于北京地区普通高等学校开展函授、夜大学教育评估工作的通知》，文件概括国家教委关于评估工作的一系列精神，指出本次评估的目的、对象、依据、内容和重点，及评估的组织、方法、工作步骤、时间安排、及评估结果的处理方法，公布北京地区普通高等学校函授和夜大学教育评估工作小组名单。9月26日，原北京市高教局召开北京地区普通高等学校校长、成人教育学院和继续教育学院院长会议，北京市高教局副局长耿学超做了动员，提出了评估的具体意见。1996年4月4日，北京市教委根据领导分工和处室职责的调整，发出《关于调整充实北京市普通高校函授、夜大学教育评估领导小组、专家组的通知》。公布评估领导小组成员名单、两个评估专家组的成员名单及评估专家组进校检查评估时间安排。

（二）认真试点，摸索经验。北京建筑工程学院是北京市确定的夜大学教育评估试点学校。国家教委、北京市教委的评估专家和有关领导参加试评。在北京建工学院全面汇报的基础上，评估专家组就学校对夜大学教育的投入、教育管理、教育质量等重要问题，召集多次座谈会，检查成人教育的基础设施和档案材料。评估专家组经过认真的检查，既充分肯定了北京建工学院夜大学在教育教学管理上取得的成就，也指出了存在的差距。整个评估工作严谨认真，起到了很好的试点示范作用。通过试评估，检验了指标体系，摸索经验，为评估工作的全面开展打下了良好的基础。为了做好评估的发动和宣传工作，北京市教委在北京科技大学组织召开理工高校评估研讨会，国家教委评估专家组也参加研讨会，从评估的目的、意义及评估方法等具体问题都进行了讨论，进一步统一了认识和标准。为减少学校准备工作的盲目性，专家组分工与学校建立联系，介绍经验，提出意见，为以后的评估打下基础。

（三）周密部署，全面展开。1996 年 6 至 7 月，为北京市夜大学教育评估阶段，共对 24 所仅举办夜大学教育的普通高等学校进行评估。暑假期间对 16 所高校的函授站进行了集中评估。从 9 月开始对同时举办函授和夜大学教育的普通高校进行评估，共评估了 33 所高校。评估专家组对学校函授和夜大学教育的投入、教育管理、教育质量等做出了全面的评价。1. 在评估学校投入方面，首先，检查学校举办函授和夜大学教育的指导思想，包括学校领导对函授和夜大学教育重视程度，学校发展总体规划中对函授和夜大学发展所需条件的设想及实施方案；其次，检查学校对函授和夜大学教育管理服务机构、队伍和办学条件上的投入情况，包括函授和夜大学教育负责人及其他负责人的能力与水平，学校为函授和夜大学生到校上课时提供的学习与生活条件，函授和夜大学办公机构用房和设备现代化水平；第三，检查学校函授和夜大学教育的规模是否与学校的投入相适应，函授和夜大学的专业设置是否发挥了学校的优势，是否符合社会的需要，函授专业的设置是否适宜函授教学；第四，检查学校对函授和夜大学教师队伍的培养、主讲教师及兼职教师的职称结构和选派、函授和夜大学的授课时数等方面的安排；第五，检查学校主管部门对函授和夜大学的经费是否专款专用，使用是否合理，财务管理是否严格。2. 在评估学校的教育管理过程方面，首先，检查学校的函授和夜大学规章制度及其执行情况；其次，检查对函授和夜大学生的管理，包括学生的学籍档案齐全准确的程度，考勤制度落实以及学校自学和作业的布置与监督；第三，检查学校对函授和夜大学教学任务的系、所和教师的管理，包括是否具有聘任函授和夜大学教师的制度且手续完备，是否拥有检查、考评函授和夜大学教师完成教学任务的制度和执行记录；第四，检查学校对函授和夜大学教学过程的管理，包括函授教学是否严格执行国家教委《函授教学过程实施要点（试行）》（国家教委 1993 年公布）的规定，教学计划是否全面落实并取得应有的效果，教学档案是否完备，考试过程管理是否严密，在教学中电化教学手段的利用及在整个教学管理过程中计算机管理的水平；第五，检查学校对所属函授站的管理，包括学校和函授站是否执行国家教委《普通高等学校函授教育辅导站暂行规程》的规定，学校是否及时向函授站传达国家的有关的方针、政策和法规，是否定期指导和检查函授站的工作，函授站聘任兼职教师的手续和制度是否健全和完备。3.在评估学校的教育质量管理方面，首先，检查学校是否重视对函授和夜大学生进行思想政治理论、职业道德、法制、爱国主义和优良传统的教育，是否具有良好的校风、站风、教风和学风，函授和夜大学生是否遵守法纪，学习态度是否端正、刻苦；其次，检查学校对函授和夜大教学计划、教学大纲、教材及试题编制的水平，包括每一专业和专业内的每一课程是否拥有符合培养规模且经过有关部门审核备案的教学计划、教材、教学大纲、习题集及函授学生使用的自学进度表和自学指导表配套，函授学生使用的教材是否符合函授教育的特点，学生通过学习是否掌握了基本理论知识并提高实际工作能力；第三，对函授和夜大学生的学习效果进行检查。检查的项目包括成绩分布是否合理、毕业率的高低、毕业论文或设计与社会或生产实际相结合的程度；第四，对函授和夜大毕业生的思想、业务能力和工作成绩进行调查，了解社会和用人单位对学生的评价，用以全面综合评价函授和夜大学的教育质量。大部分学校对评估的目的、意义认识明确，以评估促建设、以评估促改革、以评估促发展，把评估工作作为学习、检查函授和夜大学执行法规、文件的过程，也把评估过程作为互相交流办学经验、改进工作、加强管理、增强实力的过程，评估也是整个高等教育资源合理配置的过程。

（四）总结阶段。1996 年 11 月 4 日至 8 日，北京市教委函授和夜大学教育评估领导小组及专家组成员在怀柔召开评估工作总结会，国家教委函授夜大处领导及国家教委评估专家组的 3 位专家参加会议。会上，两个专家组汇报前一时期的评估工作，从评估组织、评估方法、评估指标体系以及对参加评估的高校情况等许多方面进行了全面认真的总结。在对两个专家组的评估结果认真汇总、平衡的基础上，得出初步的评估结论。

（摘自《北京教育年鉴（1997）》）

转岗培训是解决失业问题的“金钥匙”

一、开展该调研的紧迫性

据北京市劳动部门统计，1996 年全市失业人员 7.15 万人，下岗待工人员 14.5 万人；其中国有企业 10.9 万人，家庭生活费用平均每月不足 170 元的特困户 1.2 万人以上，在加快国有企业改革加大兼并、破产改组、改制的力度的同时，会有更多的人失业或下岗。据预测，仅下岗待业职工，本市 1998 年就将达到 20 万人左右。

对此，市教委成教处专门对市商委系统的食品工贸集团总公司和市经委系统的北京市机械工业局的下岗、转岗职工的培训需求状况进行调查。

二、调查方法及对象

1. 问卷法：考虑到调查范围的广泛性，调查内容的真实性，以及调查对象容易接受的一种形式，有利于从面上搜集到较为全面的反馈信息，在食品工贸集团就是采用此方法。

2. 座谈法：转岗人员的出现是一个复杂的社会现象，解决转岗人员的再就业需要行政部门的政策支持，问卷法只能解决转岗者的态度。因此该调研报告还采用座谈法，以取得点上的典型意义，在北京市机械工业局就是采用此方法。

企业富余人员是指企业生产经营情况发生变化，调整劳动组织和人员结构后生产不需要并撤离生产岗位的人员。大致包括以下三部分人：

一是待业人员。又称暂时下岗人员或暂时下岗待业人员。这部分人员的特点是关系仍在原单位，能从原单位领到生活费。他们包括提前退休人员（又称“内退”职工）、优化组合后下岗人员、停产半停产企业在家待业人员等。

二是失业人员。这部分人员已经失去工作，脱离单位，没有固定收入。他们主要包括解除或终止劳动合同人员，企业精简人员，辞退的富余职工，破产关闭企业的职工，自行辞退离岗人员，违纪辞退及被开除、除名的人员。

三是“隐性失业人员”。如果说待业、失业人员是明显的企业富余人员，那么，在岗职工中还有相当一部分隐性的富余人员，也称“隐性失业人员”。这部分职工虽然仍在上班，但因企业人浮于事，僧多粥少，他们实际上成了富余人员。

以上三部分企业富余人员中，下岗待业人员与“隐性失业人员”都是失业的后备军，是最需要引起关注的失业人员。

从下岗的原因来看，又可分为个人性下岗和社会性下岗两大类。个人性下岗是指因本人素质（包括身体、文化、技能等）相对较差，已不能适应本企业、本岗位工作，而被淘汰下岗；社会性下岗是指在市场竞争中企业停产、倒闭、破产而造成的下岗。这也可称为“结构性下岗”。据初步了解，在下岗人员中，个人性下岗人员的比例要多于社会性下岗人员。

三、调查结果及分析

(一)北京市食品工贸集团的基本情况

北京食品工贸集团总公司即原北京市第二商业局，主要从事副食品生产、加工、储藏、批发、零售等工作，辖二级单位26个。1996年主业在放开经营后出现逐年下滑的趋势，全年商品购进总额37.9亿元，同比增长0.87%，商品销售总额44.7亿元，同比增长6.7%，年末商品库存额6.1亿元，同比下降4.56%，商办工业产值按不变价5.78亿元计，同比下降12.5%，经济效益按帐面亏损额1.16亿元，如剔除限价补贴等因素，再加上盘活资产和多种经营收入，相抵后全公司盈利仅880万元，全公司职工人均收入达7368元，大大低于全市9600多元的人均收入水平，

总公司共有职工36438人，其中干部5516人、职工30922人，已下岗4575人，富余人员5481人，下岗、富余人员共计1万余人，占职工总数27.6%。

这次调查采用抽样问卷调查法，共涉及7个总公司，发放800份问卷，回收657份，回率达82%，调查样本结果如下：

1. 下岗职工基本情况

(1)性别：男占40.3%，女占59.7%

(2)年龄结构：29岁以下5.7%

30～39岁52.3%

40～49岁37.6%

50岁以上4.4%

(3)文化结构：小学以下3.9%

初中45.0%

技校2.9%

高中39.1%

中专5.9%

大专以上3.2%

(4)技术结构：无技术等级40.4%

初级工17.8%

中级工33.9%

高级工7.9%

从调查样本可以看出，女职工多于男职工；年龄绝大部分在30～49岁

之间，占总人数的91.9%，尤其是30～39岁之间的下岗职工较多，占总人数的52.0%；文化程度大多数是初中或高中，占总人数的84.1%；从技术等级来看，下岗职工无技术等级的较多，占40.4%，其次是中级工33.9%，而初级工占17.8%，高级工则更少，而且大多数是退休人员；从家庭收入来看，约一半的家庭（48.9%）经常是支出大于收入。

从下岗时间来看，每年下岗的人数有逐渐增多的趋势，在1995年之前，每年下岗的人数占调查样本不足10%，到1996年增至29.3%，而1997年上半年就达33%。

2. 企业下岗转岗职工对培训的需求情况

（1）对培训的需求

通过调查发现，打算参加各种培训的人占调查样本的83%，而不打算参加培训的人占调查样本的17%，这说明企业下岗转岗职工对培训的需求还是较旺盛的。

（2）对培训内容的需求

从调查结果来看，下岗转岗职工最希望参加"实用技能培训"，占调查样本的54%，超过总样本的半数，其次是打算参加"技术等级培训"的人较多，占14%，而打算参加"高中、大中专学历教育"的人较少，占调查样本的6%。可见，下岗职工比较重视实际应用技术的提高，欢迎短期就能学会，学了就能用的技能。而至于学历文凭是他们较少考虑的方面。

（3）哪一类下岗职工更愿意参加"实用技能培训"

从上面的调查结果来看，希望参加"实用技能培训"的人较多，希望参加实用技能培训的职工，年龄都集中在30～49岁之间；从文化程度上看，文化程度较低者需求更为迫切；从技术等极上看，无技术等级的需求最大。

3. 不愿参加培训的主要原因

从上面的调查结果来看，不愿参加培训的人占17%，主要原因是"没钱学习"，占这类人的46.3%，其次是对培训不感兴趣和"没能力学习"的，分别占不愿参加培训人的16.1%和15.5%，少部分人认为"学了没用，"占9.35%。可见经济上的原因和观念的陈旧仍制约着培训积极性的提高。

（二）北京市机械局的基本情况

机械局系统现有职工99637人，企业单位83个。其中，国有企业42个，股份制企业1个，集体企业28个，合资合作企业12个，事业单位12个。全局系统工业企业职工96710人。下岗职工9359人，其中女职工4999人，占53.4%。

1. 原职业情况

从事生产工作的 6042 人，占 64.6%

从事后勤、行政服务工作 1288 人，占 13.8%

其他人员 1077 人，占 11.5%

管理人员和技术人员 952 人，占 10.1%

2. 年龄结构

35 岁以下 2637 人，占 28.2%

36 ~ 40 岁 1950 人，占 20.8%

41 ~ 45 岁 2281 人，占 24.4%

46 岁以上 2491 人，占 26.6%

3. 文化结构

初中及以下 5820 人，占 62.2%

高中、中专 3186 人，占 34%

大专以上 403 人，占 4.3%

4. 技术结构

无技术等级 4757 人，占 50.8%

初级工 1117 人，占 11.9%

中级工 3260 人，占 34.8%

高级工 225 人，占 2.4%

由此可见，市机械局系统下岗职工大部分集中在从事一线生产的技术工人；下岗职工从年龄上 35 ~ 45 岁之间占 45.2%，近一半人；其次是 35 岁以下占 28.3%；文化结构方面初中及以下占 62.2%，几乎占下岗职工的 2/3；技术结构方面无技术等级的占 50.8%，约一半以上。由此可以归纳出下岗职工是“五多”，即一线职工多，女职工多，30 岁以上的人员多，初中及其以下文化程度多以及无技术等级的多。这些状况与食品工贸集团的抽样调查结果是一致的。

四、在下岗职工培训方面存在的主要问题

（一）配套制度改革严重滞后

由于整个劳动、人事制度改革滞后，使职工既无竞争上岗的压力，又在下岗后产生极大的心理不平衡，认为社会不公平，多数人捧惯了“铁饭碗”，坐惯了“铁交椅”，处于心理失衡、自悲、失落，甚至绝望，无心思参加培训，因而参加

转岗培训，再就业的动力不足，再加上社会保障体系很不健全，尤其是医疗保险制度改革尚未完全到位，使职工一旦脱离企业，即感生活无保障，因此宁愿每月拿 200 元生活费“泡”在企业，也不愿到托管中心去过渡。

（二）培训机制建立严重滞后

实施再就业工程是解决下岗失业问题的重要措施。但在推行再就业工程方面还主要依靠行政手段和一些临时性、应急性的政策，而且偏重劳动行政管理，尤其缺乏通过劳动力资源开发推动就业的内容。一些实施再就业工程的干部和再就业者未能充分理解培训的重大意义。

1. 有关方面对促进再就业的转岗培训迟迟未提上议事日程。一些部门和行业仍然采用计划经济条件下“谁的孩子谁抱走”、“政府出钱、企业出力”的行政安置就业的办法，重视职工的生活安置，而不重视其培训。即使成立行业“托管中心”，由于不重视培训，一方面职工进入托管中心的工作很难做，另一方面即便进入“托管中心”，培训的积极性仍然较低；如机械局系统托管中心 1997 年已达到 2300 余人，而愿意参加培训的仅 400 余人。因此可以说北京市的再就业工程在很大程度上还未走出“就失业论失业”、“治标不治本”的怪圈，一个根本原因就是未把失业人员的转岗培训放在应有的地位，没有为失业者的转岗培训建制和立法，致使失业的坚冰化解进程较为缓慢。

2. 忽视培训导致失业者就业能力低下。北京市第三产业的发展，新增行业和岗位大量出现，产生劳动力结构性不足，应该说是扩大就业的理想阵地，但却未能直接解决调剂第二产业中劳动力结构性过剩的问题。究其原因，便是第二产业的富余人员中大部分都不具备这些知识和技术密集型行业所需要的专门知识和技能。由于许多富余人员在知识结构、文化水平和工作技能方面与新兴行业存在较大差异，使这种调剂存在很大困难。尤其是他们被动转行，或被以“失业”方式安排到劳务市场时，这种困难特别突出。因此对失业者和企业富余人员的再就业转岗培训，开发其职业技能，已成为解决失业问题的当务之急。

3. 经费不足困扰转岗培训。企业富余人员的转岗培训多数是由社会承担的，劳动部门从失业保险金中拿出部分只补助到劳动部门指定的定点学校（20 多所技工学校）且数额较少。而大量的行业办学、政府办学和社会办学都没有相应的培训经费渠道，他们挖掘潜力为企业少量免费培训是可能的，但数量大了就会产生问题，致使一些行业办学单位为了能免费培训下岗职工，而不顾条件举办招收应届初中生成人中专学历班，收取学费以补充经费不足。

（三）下岗职工就业观念的转变严重滞后

一是思想僵化。一些下岗人员仍持有传统的一技防身终身不误的就业观念，不重视接受新的技能培训，既要找条件好、待遇高、轻松安逸的工作，而对改变自身条件缺乏紧迫感。二是思想懒惰。有的下岗人员宁愿在家闲着、靠他人养活也不愿去学习一些技能，开发一项新的事业。三是缺乏自信心。没有勇气去改变现状，特别是通过提高素质，去体现自身的新价值。

五、今后实施转岗培训的主要对策

下岗富余人员是加快经济结构调整和深化国有企业改革的伴生现象，这是在社会进步和发展中出现的无法避免的阶段性困难。从国内外成功的经验来看，实施转岗培训是企业富余人员重新获得新的职业技能的必由之路，也是打开再就业大门的“金钥匙”。因此，只有转岗培训才能最有效地调节富余人员流向社会最需要的岗位，达到人尽其才，才尽其用；形成“失业—培训—再就业”的良性运行机制。

（一）要尽快建立转岗培训的保障体系（略）

（二）要有效地调动企业下岗人员参加培训的积极性（略）

（三）要选择好适用于企业富余人员的培训专业和培训模式（略）

（四）要动员各级各类学校尤其是成人学校积极参与培训，逐步建立企业富余人员的培训市场（略）

（五）制定优惠政策，搞好转岗培训后的就业服务（略）

（摘自《北京教育年鉴（1998）》）

全面推广昌平县农村教育综合改革经验
深化北京农村教育综合改革工作

北京市郊区面积占全市总面积的95%，农村地区人口占总人口的一半，农业人口占1/3，山区面积占总面积的62%。郊区承担着城市发展的腹地功能、保障市场的生产基地功能和生态环境的屏障功能。

昌平县是1988年国家教委确定的全国“百县农村教育综合改革实验区”之一，也是北京市推动教育十大工程，深化农村教育综合改革的实验县。多年来，昌平县委、县政府高度重视农村教育综合改革工作，把教育综合改革作为全县教育和整体工作的重点。各级领导认识到教育综合改革是合理配置和利用教育资源，正确解决教育改革与发展中诸多问题的有效途径；认识到农业和农村经济的发展，农民致富奔小康的根本出路在于发展教育、科技，以及两者与经济的统筹结合；认识到在社会经济发展日益依赖于科技进步和人才整体素质提高的新时期，进一步深化教育综合改革是落实中央提出的“科教兴国”战略和可持续发展战略，推进“科教兴昌”，促进全县经济发展和社会进步的重要举措。纵观十几年来昌平县教育综合改革的实践历程，在以下几个方面的经验和做法是值得学习和借鉴的。

一、全县经济和社会发展得益于农村教育综合改革

表现在两个方面：

1. 农村教育综合改革促进了全县各类教育协调发展，促进了全县人口文化水平和综合素质的提高。

首先，作为教育综合改革的重点，基础教育“重中之重”地位得到进一步巩固和加强。从“六五”开始的昌平县教育综合改革，重视教育管理体制改革和学校内部管理体制改革，使基础教育自身的发展规模、水平、质量以及结构调整都取得了显著成果。通过合理调整布局，中小学校数从 20 世纪 80 年代中期的小学 313 所调整为 156 所，中学稳定为 38 所，其中完全中学 8 所。中小学教师学历合格率大幅度提高，小学由 76% 提高到 95%；中学由 47% 提高到 90% 以上；初中毕业升学率连续几年达到 96%，及格率保持在 99%。为全县人口的文化素质提高打下了较坚实的基础。

全县幼、小、中、职、成、高各类教育成分在内的格局已成体系，“三教统筹”发展的运行模式已经形成。三类教育做到了教育投入、发展规划、师资、办学统筹。职业教育、成人教育的发展为进一步提高基础教育质量和水平创造了宽松的环境和条件，基础教育的发展也同时促进了职业教育、成人教育发展水平的提高。

其次，作为首都的远郊农业县，农村经济发展是全局工作的重点，昌平县从“六五”开始，针对农村经济发展实际需要，确定以中等职业技术教育为突破口，为农业与农村建设培养大批初、中级人才。调整教育结构，使中等职业技术教育在专业设置、规划布局方面紧密结合社会经济发展实际，到“八五”末，基本形

成了较完整的发展体系。全县以面向三个产业的职教中心校（即面向一产的全国重点职业高中——昌平农村职业学校，面向二产的昌平工业职业高中，面向三产的市级重点职业学校——昌平三中）为龙头，建立了11所普通中学举办职业高中班的职业教育办学基地。十几年来，职业学校共为全县培养42个专业的人才1.2万人，职普比例保持在2.5 ∶ 1的水平，1998年职业高中在校生达到4500人。职业教育不断深化教学与学校管理改革，强调职业技能训练，着力提高办学质量，提高人才素质。职业学校的毕业生大部分成为各用人单位的技术和管理骨干，在农村种养业、科技队伍和工商企业中涌现出一大批先进典型，推动了科技成果的推广应用，促进了全县社会经济发展。在新一轮教育综合改革中，各职业学校利用自身教育资源和技术特长参与“科教兴村”、“科教兴农”、“科教兴企”项目实践，取得了显著的经济和社会效益。

第三，农村教育综合改革，促进了昌平县成人教育的健康发展，是成人教育成为全面提高全县从业者文化水平和科技素质、经营管理水平的重要阵地。以成教市、县级示范乡校、村小建设和阵地网络建设为核心，十几年来，县、乡几个部门共投入基础设施建设款7100多万元，使成教办学软件、硬件水平大幅度提高。在配合全县“燎原计划”实施过程中，直接有效服务于全县经济建设，共为全县培养大专毕业水平的人才6330人，中专毕业生14400人，高中阶段毕业生6880人，成人非学历教育培训总计达170万人次。统计分析表明，伴随十几年全县教育综合改革，全县人口文化水平和专门人才数量、质量均有大幅度提高。到1997年末，全县从业人口人均受教育年限已达9.6年，大专以上文化程度人口已从80年代中期占总人口的0.07%上升到1.2%，全县已有各类专业技术人员1.3万名，各产业在岗人员持证上岗率达到22.8%。其中旅游、商业等行业持证上岗率均已超过60%。每年全县农村劳动力40%以上的人参加各类实用技术培训，经培训考核，已发放“绿色证书”4000个，目前，结合全市成人教育五项培训工程和昌平县增加的“旅游人才培训工程”，全县农民实用技术培训，农业管理人员学历教育、企业职工培训，农村文化、法律知识教育等都在新一轮教育综合改革中更加扎实地开展起来。

2. 农村教育综合改革为全县经济发展和社会进步提供了有效的“智力支持”。

从“八五”开始，昌平县在教育综合改革中，大力推进“经（农）科教结合”，探索经、科、教紧密结合，共促社会经济发展的运行机制。在政府的大力统筹下，注意抓好“经科教结合”项目推动社会进步和经济增长。以1997年为例，全县新引进的“星火计划”项目、山区致富工程项目、科技示范工程项目、科技成果推广项目共计 57 个，当年创产值 2.8 亿元，创利税 1.07 亿元，都得益于经科教结合，是通过培训，提高管理者、劳动者素质，推广应用科学技术的结果。为了实施这些项目，利用全县成教、职教资源，举办各种培训 326 期，其中，对从业者的科技培训 305 期，15498 人次，另外培训管理干部、技术骨干 1590 人次。同时，聘请引进专家、学者和有一技之长的各类专门人才 361 人。兴寿镇花果山村，是一个 99 户不足 300 口人的小山村，在北京农学院的支持下，较早提出并实施科教兴村，两年经济发展跨了两大步，4 个科教兴农项目使全村经济总收入从 1996 年 200 万元提高到 1997 年 318 万元，1998 年可达到 370 万元，农民人均收入将达到 3800 元。一个普通的深山区小村，已逐步走上产业结构合理，集体经济发展，农民致富，充满活力的新农村。

二、继续深化教育综合改革是全县社会经济持续发展的需要

昌平县“九五”计划和 2010 年远景目标规划以及“全县科教文主导战略”报告都提出，社会经济发展的总体目标，是推进农业产业化，发展精品出口创汇农业、旅游观光农业、生态农业、高科技农业，工业企业要依托科技园区的发展和辐射功能，引进推广高新技术，创名牌效益、质量效益；旅游和商业服务业要全面提高从业人员整体素质和服务水平，搞活流通，推动社会进步和经济发展。实现上述发展目标，以科教为先导，实施“科教兴昌”发展战略是一个必然选择。

昌平县根据社会经济发展趋势，确立“人才需求预测及对策研究”项目，分 3 个系列、6000 多个调查单位，全面、深入分析，面对 21 世纪全县人才需要，认识到各类专门人才和各业劳动者整体素质状况还不能适应发展的要求。

——全县各产业专业技术人员结构分布不合理。全部专业技术人才 70% 以上在教育、卫生战线，一产、二产等生产专业技术人才比例、文化程度仍然偏低。全县各类专门人才高、中、初级比例为 1 ： 6 ： 12，经济战线不少专业和学科的人才状况，与全县到 2000 年规划要求相差较大，大专以上学历在全部专业人才中仅占 35%，也有待进一步提高。

——在岗人员持证上岗率偏低。截止到 1997 年末，全县一、二、三产经济部门各业劳动者持证上岗人员仅占 23%，机械行业、农村种养业持证上岗率只有 10%，严重制约了社会经济的发展。

——各类教育发展水平有待进一步提高。普教素质教育的实施，职教和成教

的结构布局调整及办学效益的提高，都需要进一步深化改革，以适应社会经济发展新形势的要求。

——充分发挥各类人才的作用，在经科教结合中逐步形成制度化、规范化的管理机制，使全县社会进步和经济发展，真正转到依靠科技进步和提高劳动者素质的轨道上来，还要进行坚持不懈的改革与探索。

昌平县认识到首都经济和科学技术的竞争，是人才的竞争。现代科学技术的推广，农村产业化经营、管理水平的提高、第三产业经营水平与服务质量的提高、信息产业的兴起，都需要有与其相适应的人才结构与资源。十几年教育综合改革和社会经济发展实践，各级党政领导和干部群众普遍认识到，在向现代化迈进的过程中，落实“科教兴昌”发展战略，实现全县社会经济可持续发展，教育综合改革是一条必由之路。

三、加强组织领导，强化政府行为，全力推进综合改革工作深入开展

县委、县政府以全市农村教育综合改革现场会为契机，认真落实北京市《关于进一步加强农村教育综合改革的意见》，确定以项目为切入点，推动经科教结合，服务全县经济建设为重点，强化领导，组织队伍，保证投入，建立运行机制，推进项目实施。

1. 调整健全有权威的教育综合改革领导机构。经县政府常务会和县委常委会研究，成立新的县教育综合改革领导小组。请市人大、市政府领导以及县委书记白宗全任顾问，县长任组长，常务副县长董瑞龙、主管教育的副县长曹鹏程、北京农学院常务副院长王有年、县科委主任张显川、县政府办主任周振华等 5 人任副组长；全县教育、计委、财政、人事、劳动、统计、旅游、农委、经委、乡镇经委、商委、县政委、外经委、规划局、山区办、法制办等经、科、教共 21 个委、办、局的“一把手”为小组成员。小组的职责是：根据全县社会经济发展需要，统筹领导全县教育综合改革，作好全面工作的检查、指导。县政府下发了领导小组成立及工作职责的通知。一年来，领导小组全体成员亲自参与各项目计划的制定与实施，真抓实干，实行有力度、有权威的统筹，从组织上保证了教育综合改革的顺利推进。

2. 设立县教育综合改革办公室。县一级教育综合改革办公室设在县文教委，办公室主任由文教委主任兼任，从教育、科委、农委等部门共抽调 8 名年富力强的同志为成员。其职责是：落实领导小组确定的工作任务，对各综改项目进行全

程督促、检查、服务、指导，制定项目实施意见，建立信息服务网络，推广典型经验，与此同时，全县各乡镇和项目主管部门都相应成立项目领导小组，下设办公机构，全县上下协调一致，抓好项目落实。

3. 制定“折子工程”，落实项目责任制。在教育综合改革项目实施过程中，昌平县认真贯彻领导小组提出的要求，通过“目标管理”保证项目顺利进展。要求各项目制定好“折子工程”，即在上报项目方案、审批计划表之外，编制实操性强的“折子工程”，按照明确、实际、可行的原则，分解任务，确定完成时间、责任分工和措施，便于领导小组检查、指导。在全县领导小组会上，县主要领导要求领导小组全体成员及各相关乡镇、部门一把手，都要身体力行，“在其位，思其事，尽其力”，抓项目，求实效。领导小组决定，除县综改办要对各项目推进情况进行经常性检查指导外，综改领导小组每年要进行拉练检查。

4. 经费投入及时到位。在坚持项目经费由受益单位按计划、自主投入的同时，根据县综改领导小组意见，县财政局、综改办、各项目主管委、办、局共同研究，先后向综改项目拨出专项经费 110 多万元，用于项目人才和技术的引进，开展较大规模调研考察和科技培训的补助经费；开展野生资源利用项目的定额补助；开展栗蘑生产、民俗旅游、农村养殖业、科教兴村等重点项目的专项补助；县综改办日常活动经费等等。按县领导小组决定，年内还将根据各项目实施周期和效果，对成绩突出、经济效益和社会效益显著的项目给予奖励。

由于在新一轮综改中，突出了高层统筹、政府行为、措施得力、工作落实，真正加大了领导力度，较好地调动了各部门、各乡镇及广大群众的积极性。综改办按照领导小组的要求，经常深入项目单位，了解情况，检查指导，热心同项目单位的干部群众一起研究解决问题，保证了综改项目扎扎实实地推进。

四、以为社会经济发展服务为中心，以项目为切入点，实现经科教结合

1. 认真调查研究，理清综改思路。

根据全市现场会精神，昌平县委、县政府认为，新一轮教育综合改革，一要把握改革为社会经济发展服务为中心这个方向定位，二要以项目为切入点，在经科教结合的机制上取得突破。

教育综合改革必须兼顾教育自身发展和为社会经济发展服务两个方面。从昌平教育发展的现状和社会经济发展要求看，正确的综改方向定位应当是，不放松教育自身发展，但要更强调和侧重教育为社会经济发展服务。为了更好地发挥教

育通过育人为社会经济发展服务的作用，就必须尽可能贴近社会经济发展任务，尽可能与举足轻重的现代科学技术紧密结合，即作到经科教相结合。经科教结合，不能停留在一般要求和号召，必须在政府有效统筹下，以项目为结合点，改变经科教部门各自为战的状况，协调合作，形成合力，才能真正实现社会经济发展的目标。根据这样的认识，通过编制问卷、会议、座谈等形式，进行了认真的调查研究，多次征求经科教有关部门的意见，理清了新一轮综改思路：以项目为切入点，以为社会发展服务为中心，服务两个战略，即“科教兴昌”、“科教文主导发展战略”，实施三大工程。根据全县面临发展高科技产业、建立现代企业制度，发展旅游服务业的需要，分析科技推广与应用、教育资源配置、全县三教统筹等方面的优势，确定了三大工程、27 个项目。三大工程为：基础教育全面推进素质教育工程、全县人才需求预测及对策工程、全县专门人才培训工程。

2. 认真制定方案、落实目标管理。

对确定的“经科教结合”项目，都提出了要明确具体实施内容及效益目标，确定牵头单位和负责人、协办单位及参与人员的要求，规定各项目都必须制订出切实可行的计划方案，形成“折子工程”，填报“项目登记表”。方案编制过程中，县综改办数十次深入基层和项目单位，协助计划制订，提出修改、完善意见，按明确、实际可行的原则，反复调整、充实。县领导小组和综改办成员多次召开专题会议，研究项目方案与起步中遇到的问题。农科教几家共同参与，经过几上几下的修改、补充、完善，最后完成了综改方案，由综改办向县领导小组汇报，完成审批过程。全县从上报的 34 个项目中筛选确定了 27 个县级“经科教结合”项目，其中包括：教科系统（含北京农学院）牵头项目 6 个，农委牵头项目 2 个，工业系统牵头项目 13 个，综合部门牵头项目 6 个。

经科教结合项目的确定，使三者结合有了具体、可操作的实体，也使科技、教育更直接、有效地服务于全县社会经济发展。

3. 扎实推进项目，取得阶段效果。

新一轮教育综合改革强调教育与经济的统筹，项目具有如下特点：以政府的高度统筹和强化组织实现农科教结合，保证项目顺利开展；以“折子工程”实现项目目标管理责任制；以政策机制实现项目投入保证和经济效益。目前，各项目实施都已取得较大进展。

基础教育全面推进素质教育工程。全县基础教育重点是推进素质教育，提高教育质量。县教育部门认真抓住市、县两级《实施素质教育评价方案》，与各乡镇党委、政府、有关职能局密切配合，在学校德育、两支队伍建设、理顺学校管理体制，“硬件”、“软件”建设等方面加快改革和发展步伐。项目确定后，县教育局确定以高中阶段为重点，全面提高教育质量等项任务目标。在调整中学教育布局，确定学校发展方向上作出一系列决策。中等职业技术教育以培养高质量、合格适用人才为核心，在办学模式改革、科技兴农等项目上加大了工作力度，教育教学质量、办学基地建设水平等方面有了新的提高，农职校参与南邵镇景文屯村科教兴村项目，昌平三中为十三陵特区等旅游服务业培养人才的项目，都取得了较大进展。

全县人才需求预测及对策工程。“全县人才需求预测及对策研究项目”“全县专业技术人员继续教育研究项目”和“全县二、三产业劳动者素质提高研究项目”，是在三个系列上解决人才需求的基础性工程。各项目调研大面积展开，均已取得初步成果。此项工程直接服务于各行业人才供需矛盾的解决，立足于社会经济发展的阶段相对稳定性和可预测性，对“经科教结合”项目产生引导和方向调整作用，也将对县委、县政府做出正确的社会经济发展决策，提供科学的人才状况依据。

“全县专门人才培训工程”是整体项目中的核心，包括“科教兴村”、“企业教育综合改革”、“农村社区教育”等内容。

——在农村地区，综改确定的香屯、花果山、小水峪、景文屯等4个“科教兴村”计划和覆盖全县重点发展地区的“农民实用技术培训工程”、“昌平现代农业科技人才培训工程”等，项目涉及南口、小汤山等7镇，占县域面积的75%。以“科教兴村”计划项目为例，4个试点项目领导小组组长均为镇党委书记。北京农学院科技兴农办、昌平农村职业学校、各镇成人教育学校等作为教育主体，推广了20多项农村实用技术和高新技术成果。其中，“特种耐寒棕榈种植”、“药用地被菊栽培”、“再生饲料加工利用”等，加强了新科技引进推广的力度，具有较高的科技含量，也密切了与中国农大、中国农科院以及兄弟省市科研机构的合作。四村的综改项目，促进了村级经济发展和农民致富，带动了镇域经济发展。项目实施一年，四村人均劳动所得将由1997年底平均3500元左右，增加到1998年年底近4000元，尊师重教与学用科技的气氛日益浓厚，农村两个文明建设均得到加强。香屯的温室蔬菜、景文屯的地被菊、小水峪的葡萄、花果山的鹿茸、桃洼的食用菌种植都成为镇及全县农村技术推广的亮点和新的经济增长点。

同时，北京农学院、中国农科院、北京昌平农职校等也在昌平农村地区建成了十几个“农科教结合示范基地”。

科教兴农项目在农村地区推开，以农民致富为目标，显示了良好的发展前景。南口、长陵等镇采取公司加农户的技术推广应用模式，项目投入采取集体加个人双向集中方式。加大农民教育、农业科技培训和实用技术培训的投入。以镇科委、镇成人学校为培训基地，提出了“千户万元工程”、“山区农民致富工程”，确定了种植、养殖、民俗旅游等领域 8 个子项目。南口镇引进的食用菌生产、新饲料养殖、大田生产黑木耳等技术，使镇农村科技示范户培训工作搞得有声有色，专业户已达到 2100 多户。长陵镇民俗旅游项目、栗蘑人工栽培等，在镇和有关部门的支持下，进展顺利，效果显著。碓臼峪村民俗旅游仅 1998 年 5 ~ 10 月，户均收入就已超过 5000 元。

崔村镇是县实行“三教统筹”的典型。近期，他们确定了进一步利用现有教育资源，发展社区教育，提高全镇人口素质的教育综合改革项目。其社区教育特征是在“三教统筹”基础上，向全员、全程、全方位教育发展的同时，重点抓好实施农科教结合项目，促进全镇经济和精神文明建设的协调发展。镇各产业部门经理、负责人在镇党委、政府统筹领导下，统一规划、分工合作，通过 15 个项目有计划地开展农民教育，以镇社区教育中心为依托，推动全镇社区教育发展。

企业教育综合改革是全县综改的重要组成部分。出发点是，推动现代企业制度的建立，促进科学技术的引进和应用，促进企业按市场规律形成新型教育制度。通过企业教育综合改革，有效提高管理人员、技术人员和从业职工的素质，保证企业在市场竞争环境中不断发展，增加效益。全县确定了 6 家工业企业、3 家商贸企业、4 家建筑企业共 13 个企业教育综合改革项目。其中，北京保温瓶工业公司、北京平板玻璃集团公司，北京新世纪商城等企业在项目落实与推进中都取得了较大进展。

昌平县教育综合改革，抓住了经（农）科教结合项目这个关健，使教育、科技走向了直接发辉作用的经济建设主战场。在农科教结合示范乡、示范村、示范校、示范基地的建设上重点突出，抓好典型，带动全面，收到了预期效果。还注意在教育综合改革中制定配套政策，将研究制订评估标准，使综改持续、健康发展。

五、结束语（略）

（摘自《北京教育年鉴（1997）》）

北京市企业职业教育和职工文化技术现状调查报告

2002年8—9月，市教委完成企业职业教育、企业职工文化技术现状调查。调查以问卷方式展开，范围包括经委、商委、建委、市政管委、农委、乡镇企业局、旅游局、交通局等所属的工业、建筑业、商业、农业（含农业产品加工）、交通运输业、电力和煤气及水的生产和供应业、旅游饭店业等280个企业的2.8万名员工，回收企业问卷199份，回收率为71.1%；职工个人问卷1.91万份，回收率为68.2%。

企业职业教育现状及问题分析

（一）企业概况

被调查企业中，建立现代企业制度的占52.3%，传统企业占24.1%，股份制和股份合作制公司占14.1%，其他占9.5%；劳动密集型企业占63.3%，技术密集型占19.6%，资本密集型占9%，其他占8.1%；国有企业（含国有控股企业）占64.3%，集体企业占8.5%，非公有企业占4.5%，乡镇企业占8%，“三资”企业占11.1%，其他占3.6%。

（二）企业对人才的需求情况

1. 企业急需的生产人员。企业对生产人员的要求大大提高，对没有技术的普通工人需求量非常少（2.5%），对只有单一技能的技术工人的需求也很少（18.1%），而对复合型技术工人的需求是大量的、急迫的（79.4%）。

在“如果企业发展中需要中职、高职学校毕业生，那么他们将从事的岗位是什么”问题的调查结果显示，中职毕业生排在第一、高职毕业生排在第二位的是“技术型较强的工人或技术性服务人员”。由此可以看出，企业急需的大量复合型技术工人主要将靠中、高职学校培养。并且，企业对“生产经营第一线岗位最需要的人才规格”，大专或高职排第一位，比例达到39.7%；其次是中职，比例为25.6%；本科以上为19.6%。企业在对生产一线岗位人才规格要求有高移化的趋势。

2. 企业对职业学校毕业生的需求状况。企业对中等和高等职业学校毕业生的需求达到84.4%，对其他类型毕业生的需求只占15.6%。在企业新增劳动力中，最受欢迎的是大专以上毕业生，占57.3%；第二是中职毕业生，占37.2%；高中毕业生只占5.5%，初中毕业生为0。这一方面反映接受过中高级职业教育的毕业生受到用人单位的重视和欢迎；另一方面也反映企业在用人上的高层次化的倾向。

在新增劳动力中，企业对中职学校毕业生的需求不温不火，有 53.3% 的企业对中职毕业生的需求一般，需要大量毕业生的企业比例只有 18.1%，需求很少的占 21.1%，没有需求的占 7.5%。也就是说，需求很少或没有需求的企业占到将近 30% 的比例。前面得到的结论是企业对受过中高级职业教育的毕业生比较重视和欢迎、企业急需的大量复合型技术工人主要将靠中、高职学校培养。这里又反映了对中职学生的需求不是很强。看似有些矛盾的现象和结论，反映出一些值得思考的问题。对问题分析的第一个可能是企业在科技水平、生产力水平不断提高的情况下，对人才层次的要求不断提高，导致对中职需求的减少或减弱。当然也不排除企业在用人方面攀比高层次、高学历。第二个可能是，中职学校毕业生与企业的要求有差距，造成企业在用人上的矛盾态度。

（三）企业实行职业资格证书制度、就业准入制度的情况

在国家或行业已制定职业资格标准并进行考核的职业中，员工全部取证的企业为 52.3%，有一半员工取证的占 25.6%，个别员工取证的企业为 20.6%，基本未取证的为 1.5%。可见，职业资格证书制度，实施的状况不容乐观。

企业实行就业准入制度的情况也不能令人满意。就业准入是一项国家强制执行的制度，它关系到劳动生产、员工个人、人民群众的安全。但能做到全部持证上岗的企业只占 40.2%，关键岗位持证上岗的占 46.2%（参见表一）。

今后，应加强对执行职业资格证书制度、就业准入制度的检查落实，以保证职业学校毕业生在进入就业岗位时具有优先权，也保证企业能获得具有职业素质高水平的劳动者，保证企业安全生产和高效运行。

表一： **就业准入情况表**

全部持证上岗	关键岗位持证	一半持证	个别持证	基本未持证
40.2%	46.2%	5.5%	6.5%	1.6%

（四）企业对中职学校及其毕业生的满意度

1. 企业对不同类型中职学校毕业生的评价值得关注。企业对中专毕业生非常满意，比例达到 64.35%；其次是对中技毕业生满意；对职高毕业生的满意度较低，只有 11.1%。企业对不同类型中职学校毕业生的评价差距之大，出人意料。特别是对职高毕业生的满意度很低，值得认真思考。

企业对中职毕业生各项基本技能的评价，可以作为中职学校专业结构调整、课程和教学改革的重要依据。在职业道德、人际交往、文化基础、专业理论、操作技能、现代技术（计算机、信息管理）等6项基本技能中，满意度最高的是职业道德；不太令人满意的是文化基础、现代技术和专业理论；令企业很不满意的是现代技术（参见表二）。

表二：　　　　　　　　　中职毕业生各项技能计划表

	满意	一般	不太满意	很不满意
职业道德	24.6%	62.3%	12.1%	1%
人际交往	15.1%	75.4%	9%	0.5%
文化基础	13.1%	64.3%	21.1%	1.5%
专业理论	11.1%	67.3%	20.1%	1.5%
操作技能	16.6%	69.3%	13.1%	1%
现代技术	12.1%	64.8%	20.6%	2.5%

2. 企业认为中职学校学生最需要提高的基本素质、基本技能依次为：综合实践能力、专业技能、解决问题能力、职业道德、文化基础、与人合作能力等，体现现代社会、现代企业对劳动者基本素质的要求。

3. 从调查来看，中专学校的毕业生最受企业欢迎，比例达到64.3%；其次是技工学校，比例为21.1%；第三是职高，比例为14.6%。

（五）企业开展教育与培训的情况

1. 企业教育机构的设置。在企业不断深化改革的形势下，有独立设置的教育管理机构的企业只有10.1%，并入人力资源部的占绝对多数，达62.8%，这反映随着现代企业制度的建立，企业越来越重视人力资源开发，并把培训作为人力资源开发的重要环节。在现代企业中，教育与培训管理职责的分权化、参与化程度，将成为衡量教育培训地位和作用的标准。但是，有些企业削弱教育培训职能，造成一些消极影响。

2. 企业的办学方式。被调查的企业中，企业自己办学仍然是主要办学方式，比例达64.8%；合作办学为27.6%；对外承办7.6%。大多数企业办学目标明确，着眼于企业自身的发展。但同时，应进一步改革办学体制，加强企业与学校的合作，加强国内外办学合作。有条件的企业应加大面向社会培训的比重，更充分地利用教育资源，提高资源使用效益。

3. 企业的教育经费。教育经费的支出，企业间的差异很大。有43.7%的被调查企业未达到教育经费支出占工资总额 1.5% 的国家规定，能够按规定达到 1.5% 的只有 39.7%，12.6% 的企业达到 1.5% ～ 3.5%，4% 的企业教育经费支出占工资总额的 3.5% 以上，达到一个很高投资比例。新近召开的全国职教工作会，制订新的政策：效益较好的企业，教育经费支出可占工资总额的 2.5%。北京至少有 83.4% 的企业做不到。

企业职工文化技术现状及问题分析

（一）企业职工概况

在被调查的 2.8 万名企业职工中，中青年职工所占比例较大，35 岁以下占 51%，35 ～ 45 岁占 33.3%，45 ～ 60 岁占 15.3%。文化程度以中职以上为主（占 85%），初中及以下只占 15%，与前几年相比，职工文化程度有明显上升。在专业技术职称或技术等级方面，初级占 32.4%，中级占 33.6%，高级只占 10.8%，无专业技术职称或技术等级的职工占 23.2%，反映北京高级工短缺的现象，这与发达国家技术工人中，高级工占 35%，中级工占 50%，初级工占 15% 的比例相差很远。

（二）职工对企业教育培训的满意度

1. 调查问卷显示，企业很少组织职工，特别是一线生产操作型工人参加培训。在职工得到企业给予的教育培训机会选项中，较少和没有的占 72.3%，职工得到教育培训的机会几乎没有；同时职工参加企业教育培训的时间也微乎其微，29.2% 没有接受过任何培训，37.4% 的职工只接受累计 5 天以下的培训。

2. 调查反映，企业教育培训还没有最大限度的发挥其直接、有效、针对性和实用性强的优势。企业的教育培训完全满足和基本满足职工个人需求的只占 45.1%，部分满足和不能满足占 54.9%，企业的教育培训完全满足和基本满足企业发展需求占 50.9%（参见表三）。

表三：　　企业教育培训工作满足度情况表

企业教育培训工作	完全满足适当超前	基本满足	部分满足	不能满足
职工个人需求	7.9%	37.2%	26.8%	28.1%
企业发展需求	8.1%	42.8%	27.6%	21.5%

3. 职工认为企业的教育培训工作需要改进的方面依次为：改革培训内容、提高学习的机会和条件、改进培训形式、提高教学质量、建立考核奖励制度等。

（三）职工学习需求情况

1. 职工学习热情高涨，学习目的明确。92% 的职工非常愿意或愿意参加教育、培训和学习活动。参加企业教育培训的目的依次为：适应岗位需要；提高竞争力和知识技能储备。最需要的培训内容分别是新知识、新技术、本岗位技术技能、相关技术、计算机、外语。

2. 职工对学习的紧迫感加强，对学习的投入加大。被调查职工中，双修日学习 1 ～ 2 小时的占 44%、学习 2 ～ 5 小时的占 20.1%；76.1% 的职工每年用在自身学习的费用不少于 100 元，其中投入 300 ～ 1000 元的占 22.8%。

提高企业教育培训的质量及职工队伍文化素质的措施（略）

（摘自《北京教育年鉴（2003）》）

附　录

中等专业教育自学考试暂行规定

（1991 年 6 月 12 日国家教育委员会令第 16 号发布）

第一章　总则

第一条　为建立和健全中等专业教育自学考试制度，根据国务院发布的《高等教育自学考试暂行条例》的原则，制定本规定。

第二条　中等专业教育自学考试（以下简称“中专自学考试”），是对自学者进行以学历考试为主的中等专业教育国家考试，是个人自学、社会助学和国家考试相结合的中等专业教育形式。它是自学考试制度的一个重要层次，同时也是我国中等专业教育的组成部分。

第三条　中专自学考试的任务是：通过国家考试促进个人自学和社会助学活动，推进在职专业教育和从业人员就业前的专业培训，造就和选拔德才兼备的中级专门人才，以适应社会主义现代化建设的需要。

第二章　考试机构

第四条　全国高等教育自学考试指导委员会（以下简称“全国考委”）在国家教育委员会的领导下，同时管理全国中专自学考试工作。

全国考委管理中专自学考试的职责是：

（1）根据国家的教育方针和有关政策、法规，制定中专自学考试的具体政策和业务规范；

（2）指导和协调各省、自治区、直辖市的中专自学考工作；

（3）对中专自学考试工作进行检查、监督和评估。

第五条　中专自学考试主要是地方性事业。省、自治区、直辖市高等教育自学考试委员会（以下简称“省考委”）同时管理本地区中专自学考试工作。省考委的组成，应有尽有一定比例的中专学校领导和教师参加。

省考委管理中专自学考试的职责是：

（1）贯彻执行中专自学考试的方针、政策、法规和业务规范；

（2）制定本地区的专业开考规划，审定开考专业、指定专业指导学校或组建专业指导小组；

（3）制定和审定开考专业的专业考试计划、课程自学考试大纲，组织编写有关自学用书和自学参考资料；

（4）领导和组织考试工作，颁发专业合格证书和毕业证书；

（5）指导社会助学活动；

（6）组织开展中专自学考试的研究工作。

省考委的日常办事机构可同时负责中专自学考试工作。

第六条　省、自治区人民政府所辖市、地区、直辖市的市辖区高等教育自学考试工作委员会（以下简称“地市考委”）同时管理本地区中专自学考试工作。

地市考管理中专自学考试的职责是：

（1）负责报名、考场安排等考试的组织工作；

（2）配合有关部门组织开展社会助学活动，做好课程自学考试大纲和自学用书的供应工作；

（3）会同有关部门组织安排实践性环节的考核；

（4）管理应考者的考籍档案，颁发单科合格证书；

（5）负责组织对毕业人员的成绩复审和思想品德鉴定工作；

（6）在省考委关于开考专业的规划和原则指导下，根据本地区的需要和可能，提出开考专业申请。

地市考委有关中专自学考试的日常工作，由当地教育行政部门负责。

第七条　专业指导学校由省考委遴选专业师资力量较强的全日制中专学校担任。专业指导学校在中专自学考试工作上接受省考委的领导。其职责是：

（1）受省考委委托，拟定专业考试计划、课程自学考试大纲；

（2）参与命题、评卷，负责实践性环节的考核；

（3）对考试质量进行研究分析；

（4）办理省考委交办的其他有关工作。

专业指导学校应设立中专自学考试办事机构。参照国家教委、劳动人事部（85）教职字008号文件精神，根据任务配备必要的专职或兼职工作人员，所需编制列入学校总编制内，不另行增加。

省考委根据需要建立的专业指导小组，行使专业指导学校的职责。其组成由省考委自行确定。

第三章　开考专业

第八条　中专自学考试应根据经济建设和社会发展的需要，人才需求的科学预测和开考条件的实际可能，设计考试专业。要防止单纯为了满足个人学历的要求，盲目设置考试专业。

第九条　开考专业应有保证专业开考的专业师资力量，相应的工作机构，必要的专职人员、经费和保证实践性环节考核的必要条件。

第十条　开考专业的考试质量标准，应在总体上保证与招收初中毕业生的全日制中专学校的同类专业相一致。

第十一条　开考新专业，应经过有关部门和专家论证。专业考试计划须经省考委批准并报全国考委备案，在开考半年前向社会公布。

第十二条　用人部门要求开考本系统所需专业的，可委托省考委组织办理。任何单位和部门不能自行组织中专自学考试。

第十三条　跨省开考专业，须经有关省考委审核同意。有些特殊专业，可实行省际协作和委托开考。

第十四条　停考专业须经省考委批准并报全国考委备案。

第四章　考试办法

第十五条　凡中华人民共和国具有初中毕业文化程度或经过严格考核确认具有同等学历的公民，不受性别、年龄、民族、种族的限制，均可参加中专自学考试。

第十六条　报考人员可自愿选择考试专业，但根据专业要求对报考对象作职业上必要限制的专业除外。

提倡在职人员按照学用一致，理论和实践结合的原则选择考试专业。

各级各类全日制学校在校生不得报考。

第十七条　报考人员应按本地区的有关规定，到省考委或地市考委指定的单位办理报名手续。

第十八条　中专自学考试的命题由省考委统一组织。试题（包括副题）及参考答案、评分标准启用前属绝密材料。

第十九条　中专自学考试以地区、市、直辖市的市辖区为单位设考场。有条件的，经省考批准可在县设考场，由县教育行政部门负责。

第二十条　中专自学考试实行单科累计制度。课程考试合格者，发给单科合格证书。不及格者，可参加下一次该门课程的考试。

第二十一条　中专自学考试同时实行中专专业证书、单科合格证书制度。中专专业证书的标准，应在本岗位专业知识上达到全日制中专同类专业相应的水平，符合本职工作对干部专业知识方面的要求。取得专业证书者继续参加本专业学历考试，可以免考专业考试计划中已及格的相同课程。

第五章　考籍管理

第二十二条　中专自学考试的应考者，取得一科合格证书后，应建立相应的考籍档案，其考试成绩长期有效，各省、自治区、直辖市之间相互承认。

第二十三条　在籍应考者因户口迁移、工作变动或其他原因需要转考或转专业者，可按有关规定办理转专业手续。

转考或转专业后，原专业考试合格并与新专业相同或相近课程，要求相同或高于新专业课程的，不再重复考试；原合格课程比新专业课程要求低的，应重新考试。

第二十四条　经批准停考的专业，在籍应考者可转入相近专业继续考试。无相近专业，应考者可重新选择其他专业参加考试。免考课程，按转专业的有关规定办理。

第二十五条　中专自学考试应考者符合下列规定，可以取得毕业证书：

（1）考完专业考试计划规定的全部课程，并取得合格成绩。

（2）完成规定的实践性环节考核任务。

（3）思想品德鉴定合格。

（4）获得中专自学考试毕业证书者，国家承认其学历。

第二十六条　中专自学考试应考者的毕业时间，一般为每年的6月和12月。

第六章　专业人员的使用与待遇

第二十七条　中专自学考试毕业证书获得者，在职人员可以当干部（技术人员），也可以当工人。可由所在单位或其上级主管部门，根据工作需要，本着学用一致的原则，适当安排。非在职人员（包括农民），可在用人部门需要并有增人指标的情况下，通过考试考核择优录用和聘用。

第二十八条　中专自学考试毕业证书获得者的工资待遇：获得中专自学考试毕业证书后，新招收录用为国家机关、事业单位的人员，当干部的，要有一年的见习期，见习期间的工资待遇及见习期间如何确定职务工资问题，按国发〔1989〕82号文件关于中专毕业的有关规定执行；机关报招收录用为工人的，按国家对工人的有关规定执行。原为国家正式职工，获得毕业证书后仍在机关事业单位工作，原工资低于上述新招收录用人员工资标准的，可按新招收录用人员的工资标准执行，原工资高于新招收录用人员工资标准的，仍拿原工资。

第七章　考试经费

第二十九条　县以上各级所需中专自学考试经费，按照现行财政管理体制，在当地财政部门核定的教育事业费中列支。

第三十条　各业务部门要求开考本部门、本系统所需专业的，须向当地自学考试机构提供考试补助费。所需费用，从按规定提的职工教育经费中开支，不足部分在自有资金或预算外资金中解决。

第三十一条　中专自学考试所收缴的报名费，应用于自学考试工作，不得挪作他用。

第八章　社会助学

第三十二条　国家鼓励企业、事业单位和其他社会力量，根据中专自学考试的专业考试计划和课程自学考试大纲的要求，通过电视、广播、函授等多种形式开展助学活动。

第三十三条　各种形式的社会助学活动，应接受当地自学考试机构的指导和教育行政部门的管理。为保证命题与辅导分开的原则，主考单位和命题人员不得举办或参与助学的教学活动。

第三十四条　中专自学考试辅导材料的出版、发行，应遵守国家的有关规定。

第九章　奖励和处罚

第三十五条　有下列情形之一的个人或单位，可由全国考委或省考委给予奖励：

（1）参加中专自学考试成绩特别优异或事迹突出的；

（2）从事中专自学考试工作，做出重大贡献的；

（3）从事中专自学考试的社会助学工作，取得显著成绩的。

第三十六条　中专自学考试工作人员和考试组织工作参与人员有下列行为之一的，省考委或其所在单位取消其考试工作人员资格或给予行政处分：

（1）涂改应考者试卷、考试分数及其他考籍档案材料的；

（2）在应考者证明材料中弄虚作假的；

（3）纵容他人实施上述舞弊行为的。

第三十七条　中专自学考试应考者在考试中有夹带、传递、抄袭、换卷、代考等舞弊行为以及其他违反考试规则的行为，省考委视情节轻重，分别给予警告、取消考试成绩、停考1年至2年的处罚。

第三十八条　有下列破坏中专自学考试工作行为之一的个人，提请公安机关或司法机关依法追究法律责任：

（1）盗窃或泄露试题及其它有关保密材料的；

（2）扰乱考场秩序不听劝阻的；

（3）利用职权徇私舞弊，情节严重的。

第十章　附则

第三十九条　本规定由国家教育委员会负责解释。

第四十条　省、自治区、直辖市教育行政部门可以根据本规定制定具体实施办法。

第四十一条　本规定自发布之日起施行。

国家教委关于进一步改革和发展成人高等教育的意见

（国家教委　一九九二年十月七日）

一、党的十一届三中全会以来，成人高等教育事业有了很大发展，初步形成了调动社会各方面力量，多形式、多层次、多渠道办学的体系，出现了成人高等教育与普通高等教育“两条腿走路”共同发展的新格局。成人高等教育为社会培养、培训了相当数量的各类专门人才，提高了劳动者的文化素质，对于建设社会主义精神文明、促进社会进步和经济发展起到了重要作用。

目前，我国成人高等教育的基础还比较薄弱，布局、结构存在着脱离实际、重复设置的问题，办学的质量、效益有待提高；有关法规和制度尚不完善，宏观指导、协调和服务工作亟待加强；地方、主管部门和学校的办学自主权未得到充分保证。这些都需要进一步改革和完善。

当前，我国的经济和社会生活正在发生深刻的变化。随着改革的深入和进一步对外开放，随着生产力的发展，我国劳动者的文化素质与现代化建设的要求不相适应的矛盾将愈加突出。尽快提高千百万社会主义建设者的文化素质，培养掌握现代科学技术和文化知识的劳动者已成为促进生产力发展的关键环节。与此同时，人民群众的生活由温饱向小康转变过程中，也将会有更为普遍的接受高等教育的要求。我国的高等教育已经出现了职前与职后教育并举，全日制教育与业余教育相互配合，继续教育、终生教育正在逐步发展的新局面。作为对各类高中后在职、从业人员进行多种教育的成人高等教育，担负着直接有效地为社会主义建设服务，促进生产力发展的艰巨任务和重要责任。

二、我国的经济体制、科技体制、教育体制的改革要求成人高等教育必须加大改革力度，加快发展步伐。

今后一个时期，成人高等教育改革和发展的总体目标是：

（一）动员社会各方面的力量大力支持、积极兴办多种形式、多种层次、多种规格的成人高等教育，进一步增加和拓宽社会成员接受高中后教育的机会和渠道，使成人高等教育为经济和社会发展提供更加广泛的服务。

（二）把高等层次岗位培训、大学后继续教育作为成人高等教育的重点，为此，要制定政策和措施鼓励、促进其大力发展，并形成制度；学历教育是成人高等教育的重要组成部分，要完善学历教育体系，增加投入，根据需求积极发展。建立起能够适应不断变化的经济、社会需求的新的办学机制。

（三）建立分级管理、分级负责的管理体制，形成科学的管理、调控制度。

为保证总体目标的实现，成人高等教育要坚持社会主义方向，进一步解放思想，深化改革，加强管理，增加投入，提高质量和效益，努力办出特色。

三、为促进成人高等教育的改革和发展，提出以下政策措施：

（一）各类成人高等学校和办学机构要坚持社会主义办学方向，加强党的领导，贯彻执行党的基本路线和党的教育方针。

（二）高等层次岗位培训和考核，要以行业为主，制定岗位分类和岗位规范，使培训和考核制度化，积极发展成人高等职业技术教育，继续开展专业证书教育，逐步建立起职业资格培训证书与学历文凭并存、并用的制度。成人高等学历教育以专科为主，以招收在职、从业人员为主；根据需要开办第二专业学历教育，试办以专科为起点的本科教育。依托普通高等学校，进一步拓宽在职人员攻读硕士、博士学位的渠道；对经过评审符合国家学位条例规定的成人高等学校，应给予学士学位授予权。

（三）大力推进成人高等教育管理体制的改革。国家教委要健全法规，加强总体规划、宏观指导、协调、监督和检查，重点掌管好学历教育的规格、质量；扩大省、自治区、直辖市和国务院各部门管理成人高等教育的权限，逐步把调整学校布局、制定培养规划和确定专业设置、办学形式、招生计划、招生对象及管理非学历教育的权力与责任全部交给地方和部门；地方和部门要保证学校有充分的办学自主权。国家教委支持有条件的地区对成人高等教育的改革进行更广泛的综合试点。

（四）成人高等学历教育在招生时，要切实保证学生入学质量，同时结合成人特点逐步改革招生考试办法，并制定有利于劳动模范、生产和业务骨干以及农村、乡镇企业、边远和少数民族地区考生入学的政策。要贯彻按需施教、学以致用的原则，紧密结合生产和工作实际进行教学领域的改革。教学计划、大纲和教材的制订和编写要注意针对性、实用性和职业性，强化实践技能的培养。要努力建立各类成人高等学校与企业、部门双向介入，生产、工作和教学相互渗透、相互促进的运行机制。有条件的成人高等学校可在部分专业实行教师职务双师制（即是工程师，又是有相应职务的教师）。

（五）强化成人高等学历教育质量控制机制，切实保证国家高等教育的质量和规格。成人高等学校的设置和普通高等学校办成人高等学历教育的资格由国家教委根据有关规定审批或备案。国家教委负责制定、编审指导性的教学计划、大纲和教材。建立办学方向、办学水平和教学质量评估制度。加强对成人高等学历教育毕业证书的管理，运用行政、经济、法律手段，坚决查处违章、违法办学。

（六）合理调整成人高等学校的设置和布局。通过多种形式的联合和一个学校发挥多种功能等措施，使成人高等教育在质量、效益和适应能力上迈上新台阶。

各类成人高等学校要合理分工、发挥优势、协调发展。普通高等学校的函授教育、夜大学应根据所在地方或所属部门的需要办，避免办学层次、专业设置、招生区域的重复与交叉。函授教育和广播电视大学应充分发挥远距离教育的优势，努力为中小城市、乡镇企业、农村以及边远和教育不发达地区服务。要积极探索函授、广播电视教育和国家考试沟通的制度。

（七）在高等教育自学考试的基础上，建立功能更为完备的国家考试制度。国家教委负责指导和管理社会力量办的高等教育，进行国家认可学历的文凭考试和对成人高等教育进行质量检测、评估性考试。

为向社会提供更多的接受教育的机会，在部分有需求、有条件的地区应充分利用广播电视大学等成人高等学校现代化教育手段，招收高中毕业的在职人员和社会青年，自费学习大学基础课程。学生考试成绩合格的，发给大学基础课程结业证书。普通高等学校和成人高等学校可招收其中成绩优良者续读大学专、本科专业课程，合格后取得专科或本科学历。

（八）鼓励和支持社会力量办学。申请办学的社会团体或个人应具有法人资格。社会力量办具有颁发国家承认的学历文凭资格的高等学校，应按照国务院发布的《普通高等学校设置暂行条例》（国发〔1986〕108号）和国家教委颁发的《成人高等学校设置暂行规定》（〔88〕教计字0040号）审批，批准后纳入普通高等教育或成人高等教育系列。办进修、培训、补习、助学、辅导性质的学校，由地方政府审批，这类学校可颁发写实性学业证书。要加强对社会力量办的高等学校的指导和扶持，在评估、奖励等管理工作中，应与其他高等学校一视同仁。

（九）各类成人高等学校都要根据办学任务和培养目标，保证投入，充实和改善办学条件。普通高等学校的成人高等教育要切实做好定任务、定规模、定编制、定经费分配比例的工作。

（十）加强成人高等教育的理论研究和对外交流与合作。在有条件的高等学校建立成人教育专业，对中高级成人教育管理人员和研究人员进行系统培训。有组织地开展成人高等教育管理、教学、科研领域的对外交流与合作。

北京市人民代表大会常务委员会
关于修改《北京市职工教育条例》的决定

北京市人民代表大会常务委员会公告
第76号

《北京市人民代表大会常务委员会关于修改〈北京市职工教育条例〉的决定》已由北京市第十届人民代表大会常务委员会第三十六次会议于1997年4月16日通过，现予公布，自1997年6月1日起施行。

北京市第十届人民代表大会常务委员会
1997年4月16日

北京市第十届人民代表大会常务委员会第三十六次会议根据《中华人民共和国行政处罚法》、《中华人民共和国教育法》、《中华人民共和国职业教育法》决定对《北京市职工教育条例》作如下修改：

一、第七条第一款修改为："市教育委员会是本市职工教育的行政主管机关，负责制定职工教育的发展规划，综合、协调职工教育工作，监督、检查职工教育法律、法规和方针政策的执行情况，管理职工学历教育和社会力量举办的职工教育。"

二、第三十七条修改为："违反本条例第十二条规定，不建立岗位培训制度，不实行先培训后上岗和不实行持证上岗的，由上级业务主管部门责令改正；情节严重的，由上级业务主管部门或者所在单位给予单位负责人和直接责任者行政处分。"

三、第四十一条修改为："对以办学为名，骗取财物，非法牟利，违反治安管理的，由公安机关依照《中华人民共和国治安管理处罚条例》的规定予以处罚；情节严重构成犯罪的，依法追究刑事责任。"

四、删除第四十二条。

五、第四十四条修改为："本条例具体应用中的问题由市教育委员会负责解释。"此外，根据本决定对部分条文的顺序作相应的调整。

本决定自1997年6月1日起施行。

《北京市职工教育条例》根据本决定作相应的修正，重新公布。

北京市职工教育条例

（1991年6月15日第九届北京市人民代表大会常务委员会第二十七次会议通过　根据1997年4月16日北京市第十届人民代表大会常务委员会第三十六次会议《关于修改〈北京市职工教育条例〉的决定》修正）

第一章　总则

第一条　为提高职工队伍的素质，培养建设人才，适应社会主义现代化建设的需要，根据《中华人民共和国宪法》、国家有关法律和规定，结合本市情况，制定本条例。

第二条　本条例所称职工教育，是指对本市全民所有制、集体所有制企业（含乡镇企业）事业单位（以下简称企业事业单位）在职人员进行的政治、文化、科学、技术、业务方面的教育和培训。

第三条　职工教育是我国教育事业的重要组成部分，是经济建设、社会发展和科学技术进步的必要条件。

第四条　职工教育必须贯彻国家的教育方针，坚持为社会主义建设服务，坚持教育与生产、工作的实际需要相结合，培养有社会主义觉悟、有文化、有专业知识和技能，守纪律的劳动者。

第五条　职工教育的主要任务是：

（一）对职工进行思想政治教育，加强国情教育、爱国主义教育、社会主义教育、法制教育和国防教育；

（二）对职工进行适应岗位要求的职业道德、文化知识、专业技术、工作能力和操作技能的培训；

（三）对从事专业技术工作的职工进行知识增新、补充、扩展和加深的继续教育；

（四）根据需要，对职工进行高等、中等学历教育。

第二章　领导和管理

第六条　市人民政府领导本市的职工教育工作，制定职工教育工作的方针、政策。区、县人民政府领导本区、县的职工教育工作。各级人民政府应当把职工教育纳入本地区国民经济和社会发展规划和年度计划。

第七条　市教育委员会是本市职工教育的行政主管机关，负责制定职工教育的发展规划，综合、协调职工教育工作，监督、检查职工教育法律、法规和方针、政策的执行情况，管理职工学历教育和社会力量举办的职工教育。市劳动局、人事局和科技干部局按照各自的职责范围，分别负责管理工人、干部和专业技术人员的教育培训工作，制定相应的教育规划和培训、考核、使用办法，并组织实施和监督检查。

第八条　市人民政府各业务主管部门负责管理本系统职工教育工作，制定教育培训规划、专业技术标准和岗位规范，组织教材编写和技术等级考核，并对本行业的职工教育进行业务指导。各业务主管部门应当把职工教育纳入所属单位主要负责人的任期目标责任制，作为考核企业事业单位及其主要负责人的一项重要内容和评选先进的重要条件。

第九条　工会组织应当参与职工教育的管理工作，发挥监督作用，维护职工受教育的权利。

第三章　企业事业单位的职责

第十条　企业事业单位按照本地区、本行业的职工教育发展规划和自身发展的需要，确定本单位职工教育培训的任务，制定职工教育培训计划，并组织实施。企业事业单位应当将职工接受教育培训的情况作为对其使用和奖惩的重要依据。

第十一条　企业事业单位应当建立健全职工教育的管理机构或者配备专人，负责具体实施职工教育培训计划。企业事业单位应当为职工教育提供必要的条件和经费。

第十二条　企业事业单位应当建立岗位培训制度。对职工应当实行先培训后上岗制度；对专业性、技术性岗位的职工，必须经考核取得岗位资格证书方准上岗。

第十三条 企业事业单位应当支持和鼓励职工在实践中刻苦学习，自学成才，互帮互学，共同提高。

第十四条 企业事业单位负责人应当定期向职工代表大会或者职工大会报告职工教育工作，提请审议本单位职工教育的发展计划。

第四章 职工受教育的权利和义务

第十五条 职工有根据本职工作的需要接受教育培训的权利和义务。劳动模范、先进生产（工作）者在同等条件下有权优先接受教育培训。

第十六条 职工参加学习的时间，企业事业单位应当统筹安排。专业技术人员每年接受继续教育的脱产学习时间累计不少于 12 日。班组长、技术工人每年脱产学习时间累计不少于 7 日。5 年内脱产学习的时间，可以集中使用。由企业事业单位根据生产工作需要安排参加学习的职工，学习期间的工资、福利待遇不变。

第十七条 按照企业事业单位安排参加学习的职工，必须遵守有关规章制度，按期完成学习任务，接受有关部门的检查和考核，服从企业事业单位工作的安排。

第十八条 经企业事业单位批准脱产学习半年以上或者半脱产学习一年以上的职工，应当与本单位订立书面协议。协议中应当载明职工学习结束后为本单位服务的年限以及双方违反协议应当承担的责任。

第十九条 职工对本单位的职工教育工作有权提出建议和批评。职工受教育的权利受到侵害时，有权向企业事业单位或者上级业务主管部门提出申诉。接受申诉者应当在 30 日内作出处理决定，并答复本人。

第五章 办学

第二十条 市人民政府各业务主管部门，区、县人民政府和大型企业事业单位，应当建立职工学校或者培训机构，承担本系统、本地区或者本单位的职工教育培训任务。不具备单独办学条件的企业事业单位，应当采取联合办学或者委托代培的方式完成职工教育培训任务。鼓励其他社会力量依照国家有关规定举办职工教育。

第二十一条 大型企业事业单位用于职工教育的校舍面积，应当不低于职工人均0.3平方米的标准。校舍不得改作他用。新建大型企业应当同时规划建设职工教育设施。

第二十二条　建立或者撤销国家承认学历的职工高等学校、中等专业学校，必须按照国家有关规定办理。建立或者撤销其他职工学校、培训机构，必须按照本市有关规定办理。

第二十三条　职工学校和培训机构应当按照按需施教、学用结合、讲求实效的原则，改革教育内容和方法，加强教学管理，制定教学计划，选编教材，建立考核制度，提高教育质量。

第二十四条　具备条件的各级各类学校应当在师资、校舍和教学设施等方面，为职工教育提供便利条件。

第六章　教师和管理人员

第二十五条　职工教育教师的配备，实行专职、兼职相结合。专职教师应当不少于职工总数的3‰，可以从有实践经验的专业技术人员中选调，也可以由市计划、人事部门按照计划，从高等学校和中等专业学校毕业生中分配。

第二十六条　职工教育的教师和管理人员应当具有良好的政治思想品质和职业道德，热爱职工教育事业，具有相应的文化程度、业务知识和教学、工作能力。职工高等、中等教育的教师，应当分别具有大学本科、大学专科毕业以上的学历。从事技术、业务培训的教师，应当具有与教学内容要求相适应的文化、专业知识、实践经验和操作技能。

第二十七条　职工教育的管理机构应当有计划地组织教师和管理人员进修，提高其政治和业务素质。企业事业单位应当为教师进修创造条件。具备条件的普通高等学校和成人高等学校应当承担职工教育的教师和管理人员的进修任务。教师和管理人员的进修时间每年不少于12日，5年内可以集中使用。

第二十八条　职工学校、培训机构专职教师和管理人员的专业技术职务，应当根据国家规定纳入相应的系列。上述人员在专业技术职务评聘、晋级、调资、奖励和生活福利等方面的待遇与同层次的专业技术人员和科室人员相同。

第七章　经费

第二十九条　企业事业单位必须保证职工教育经费。职工教育经常费用按照不低于职工工资总额的1.5%提取，并按照国家和本市的其他有关规定办理。

第三十条　企业事业单位工会经费中的业余教育费应当用于职工教育。

第三十一条　企业事业单位的职工教育经费，由本单位教育机构掌握使用，财务机构监督，当年用不完的允许结转。对不具备单独办学条件的企业事业单位，由上级业务主管部门按照隶属关系组织统一办学的，所需经费从这些单位的职工教育经费中支付。职工教育经费必须专款专用，任何组织和个人不得截留或者挪用。

第三十二条　地方财政拨款的职工教育经费，应当根据经济发展和财政经常性收入的增长相应增长。

第三十三条　鼓励社会团体和个人捐资助学。

第八章　奖励和处罚

第三十四条　对职工教育作出显著成绩的组织和个人，由各级人民政府和主管部门给予表彰奖励。

第三十五条　对按照生产工作需要参加学习，学用结合、成绩优异或者自学成才的职工，由所在企业事业单位给予表彰奖励。

第三十六条　企业事业单位有下列行为之一的，由上级业务主管部门责令改正，拒不改正的，追究单位主要负责人的行政责任：

（一）不制定和实施职工教育培训计划的；

（二）不按照要求建设职工教育设施的；

（三）侵占职工教育校舍的；

（四）不按照规定标准拨付职工教育经常费用的；

（五）侵犯职工受教育权利的。

第三十七条　违反本条例第十二条规定，不建立岗位培训制度，不实行先培训后上岗和不实行持证上岗的，由上级业务主管部门责令改正；情节严重的，由上级业务主管部门或者所在单位给予单位负责人和直接责任者行政处分。

第三十八条　违反本条例第十七条规定，无故不按期完成学习任务，学习期满后不服从工作安排的职工，由其所在单位视不同情节予以批评教育、追偿培训费和给予行政处分。

第三十九条　违反本条例第二十二条规定，未经批准擅自建立或者撤销职工学校和培训机构的，由负责审批的部门责令其停办或者恢复；情节严重的，由其上级主管部门追究直接责任者的行政责任。

第四十条　违反本条例第三十一条第三款规定，截留、挪用职工教育经费的，由上级主管部门责令改正，并追究直接责任者的行政责任；情节严重构成犯罪的，依法追究刑事责任。

第四十一条　对以办学为名，骗取财物，非法牟利，违反治安管理的，由公安机关依照《中华人民共和国治安管理处罚条例》的规定予以处罚；情节严重构成犯罪的，依法追究刑事责任。

第四十二条　当事人对本条例规定的行政处罚决定不服的，可以在接到处罚决定之日起 15 日内，向作出处罚决定的机关的上一级行政机关申请复议。复议机关应当在收到申请书之日起两个月内作出复议决定。当事人对复议决定不服的，可以在接到复议决定之日起 15 日内向人民法院起诉。当事人也可以在接到处罚通知之日起三个月内直接向人民法院提起诉讼。当事人逾期不申请复议，也不向人民法院起诉，又不履行处罚决定的，由作出行政处罚决定的机关申请人民法院强制执行。

第九章　附则

第四十三条　本条例具体应用中的问题由市教育委员会负责解释。

第四十四条　本市外商投资企业和港、澳、台商投资企业以及私营企业，可以参照本条例执行。

第四十五条　本条例自 1991 年 11 月 1 日起施

北京市教育委员会关于印发北京市成人高中（职高）学校设置标准（试行）的通知

京教成〔1997〕021号

各区县教委、成教局：

为了加强北京市成人高中（职业高中，以下简称“职高”）教育的规范化管理，根据国家教委《关于加强成人高中教育的意见》（教成〔1992〕4号）和原北京市成人教育局有关成人高中（职高）教育的文件要求，特制定《北京市成人高中（职高）学校设置标准》（试行），现印发给你们，请遵照执行。

一九九七年五月三日

北京市成人高中（职高）学校设置标准（试行）

为了加强北京市成人高中（职业高中，以下简称“职高”）教育的管理，保证成人高中（职高）学校的教育质量，促进成人高中（职高）教育的发展，现制定本办法。

一、学校领导班子基本条件

1. 学校领导班子成员要有较高的政治、业务素质，具有大学本科以上文化水平或具有中级以上专业技术职称，热爱成人教育事业，懂得成人教育规律，熟悉和了解本地区经济发展和人才需求情况，有教育教学经验，有较强的行政管理和社会活动能力。

2. 学校应有健全的领导管理机构，配备管理能力较强的专职领导干部（正、副校长，党支部书记），学校领导班子（专职）人数要在二人以上。学校可根据需要设置精干的教学、行政、后勤等办事机构。

3. 学校中层领导干部的职数，由学校根据工作需要，本着精简的原则提出意见，报区县成人教育行政部门审定。

4. 有切实的学校发展规划和具体实施方案。

二、师资配备基本条件

1. 举办成人高中（职高）教育的学校要有与学校的课程（专业）设置和学生人数相适应的质量合格，结构合理，专职为骨干，专兼职相结合的教师队伍。

2. 担任成人高中（职高）文化基础课的教师，要具有所教学科本科以上学历或中级以上职称，担任成人高中职业技术课的教师，要具有所教学科大专以上学历或具有中级以上专业技术职称。

3. 专兼职教师应按学校的实际在校生规模、办学形式和专业设置的需要配备，保证开出教学计划规定的课程。建校时专职（专任）教师与学员的比例如下：全日制脱产或半脱产学习的师生比为 1 ∶ 20 左右，业余学习的师生比为 1 ∶ 40 左右。

三、学校管理基本条件

1. 学校应有明确的培养目标，各专业教学计划、教学大纲、教材齐全。

2. 独立设置的成人高中（职高）学校应具有连续招生的能力，各类在校学生数（含学历、非学历）应在 300 人以上。

3. 学校应有健全的思想政治工作制度、教学管理制度和财务制度。

4. 有严格的入学、注册、考勤、考核、奖惩、毕（结）业等学籍管理制度。

四、校舍、设备基本条件

1. 学校应有与办学规模和任务相适应的自有固定校舍，以保证教学、生活和体育等活动的需要。校舍建筑面积不少于 1500 平方米。

2. 有适应专业特点，满足教学要求的普通教室、专业教室、实验室，以及相应的设备、设施。

3. 有按专业性质、学生人数配备的实验仪器、设备、标本、模型。按教学计划、教学大纲的要求，基本保证教学实验的进行。

4. 图书馆应包括教师资料室、学生资料室和书库。图书达到5000册以上。

5. 举办成人职业高中的学校应有与专业相对应的校内实习场地和较稳定的校外实习基地。

五、审批办法

1. 申请举办成人高中（职高）学校，应先由办学单位聘请有关部门和高中以上学校有高级职称的专家共同论证。论证的重点是：

(1) 根据本地区、本行业生产需要和人才规划以及教育事业现状，研究确定建校的必要性。

(2) 是否切实具备本标准规定的办学条件。

2. 举办成人高中（职高）学校，由办学单位申请，附教学计划、教学大纲，报送论证报告，经区县成人教育行政部门审核同意后，报市教委批准。

3. 凡在市教委备案的成人中等专业学校，确需举办成人高中教学班的，经区县成人教育行政部门审核，报市教委批准。

4. 经批准的学校，如停办或变更，经区县成人教育行政部门审核，报市教委批准。

教育部关于印发《关于调整中等职业学校布局结构的意见》的通知

（1999 年 9 月 9 日）

教职成〔1999〕3 号

调整中等职业学校布局结构，优化资源配置，进一步提高中等职业教育办学质量和整体效益，是贯彻落实全教会精神，全面促进素质教育，实现《面向 21 世纪教育振兴行动计划》提出的工作目标，促进中等职业教育改革和发展的一项重要举措。现将我部《关于调整中等职业学校布局结构的意见》印发给你们，请认真组织实施。

各地各部门对这次中等职业学校布局结构调整工作，要高度重视，切实加强领导，从当地的实际出发，制定切实可行的规划方案和政策措施。在调整工作中有何意见和建议，请及时与我部职业教育与成人教育司联系。

关于调整中等职业学校布局结构的意见

为贯彻落实《中共中央国务院关于深化教育改革全面推进素质教育的决定》和第三次全国教育工作会议精神，进一步深化中等职业教育办学体制和管理体制改革，优化中等职业教育资源配置，实现中等职业教育在新的历史时期的资源重组，提高办学质量和整体效益，促进中等职业教育适应经济体制改革的需要，更好地为经济建设和社会发展服务，现就调整中等职业学校布局结构问题提出如下意见：

一、调整中等职业学校布局结构势在必行

我国目前的中等职业学校布局结构是在计划经济体制下形成的。在计划经济

体制下，部门、行业和地方分别举办中等职业学校，形成了“条块分割”的中等职业学校布局结构，在当时的历史条件下，对调动各方面办学的积极性，促进中等职业教育的发展，起到了积极作用。但是，随着我国经济体制由计划经济转变为社会主义市场经济，原有的学校布局结构已经不能继续适应经济建设、经济体制改革及教育体制改革的需要，严重制约着我国中等职业教育的进一步发展，因此，调整中等职业学校布局结构势在必行：

1. 目前，中等职业教育整体规模效益不高，1998 年，我国中等职业学校和成人中专约 22000 所，除普通中专学校校均规模约 1200 人，已基本达到原国家教委规定的中专学校设置有关标准外，其他几类学校校均规模只有 500 人左右，其中有些学校已经连续几年没有招生，教育资源没有得到充分利用，急需通过调整优化，增强中等职业教育的整体效益。

2. 随着社会主义市场经济的建立和完善，以及政府机构改革和职能转变，各级政府部门管 理经济和企业的职能，正朝着政企分开的方向转变，政府业务主管部门对中等职业学校的直接管理也在逐步削弱，因此，对现有的中等职业学校进行布局结构调整，不仅是中等职业教育发展的需要，也是政府机构改革转变职能的需要。

3. 随着我国经济发展和科学技术的进步以及产业结构的调整，各行业对人才的需求数量和要求不断地变化，一些新兴的产业和职业岗位不断出现，许多行业、职业岗位趋向融合、复合，为适应这些变化，必须对学校和专业的布局结构进行调整。

4. 在社会主义市场经济体制下，学校的发展面临越来越激烈的竞争，通过合并、共建、联办、划转等多种形式进行布局结构调整，可以进一步优化资源的配置，扩大学校的办学规模，改善办学条件，使教学质量和办学效益都得到提高，进一步提高学校的竞争力。

二、指导思想和工作目标

中等职业学校布局结构调整的指导思想是：以《中共中央国务院关于深化教育体制改革全面推进素质教育的决定》为指导，通过调整中等职业学校布局结构，进一步推动中等职业教育办学体制和管理体制及运行机制的改革，优化资源配置，提高办学质量和整体效益，更好地为经济建设和社会发展服务，促进中等职业教育的健康协调发展。

这次中等职业学校布局结构调整的工作目标是：经过 2~3 年的努力，初步建立起面向 21 世纪，布局结构合理，专业门类齐全，办学质量和整体效益好，适应社会主义市场经济体制和现代化建设需要的中等职业学校布局结构。为实现这一目标，首先要做好以下几个方面的工作：

1. 改变“条块分割”的中等职业学校布局结构，建立起在当地政府的统筹规划下，适应区域经济和社会发展需要的中等职业学校布局结构。

2. 改变在教育内部由不同部门按职业教育与成人教育分别规划管理中等职业教育的状况，建立起按照学生的培养目标和规格要求统筹规划，相互沟通的中等职业学校（成人学校）布局 结构。

3. 改变分散办学、重复办学，资源配置不合理，办学效益低的状况，通过“合并、共建、联办、划转”等调整形式，进行资源重组，建设好一批规模大、水平高、有特色的骨干示范性学校。

4. 改变中等职业教育主要靠外延发展的状况，通过调整，使中等职业教育在规模上进一步发展、结构更加合理（层次结构、学校、专业布局结构）、质量、效益明显提高。促进中等职业教育在规模、结构、质量、效益等方面的进一步协调发展。

三、调整中等职业学校布局结构的主要实现形式有：合并、共建、联办、划转等

1. 合并：是指根据学校布局调整规划将两所或更多的学校合并为一个学校，实现人、财、物等各个方面的统一领导，统一规划和统一管理，做到一套班子、一套机构和一套制度。合并可以在普通中专之间、普通（成人）中专与技工学校、普通（成人）中专与职业高中、普通中专与成人中专、技工学校与职业高中，及其它各类学校之间进行；有条件的，部门与地方的学校、部门与部门的学校也可以实行合并。

2. 共建：是指学校在投资渠道基本不变的前提下，实行中央部门与省（自治区、直辖市）人民政府、地方业务部门与教育行政部门、地方业务部门之间双重领导，共建共管。要通过共建淡化和改变单一的隶属关系，打破条块分割，实现条块的有机结合，增强地方政府的统筹力度，使学校更好地为地方经济和社会发展服务。

3. 联办：是指学校在隶属关系和投资渠道不变、自愿互利的基础上，进行各

种形式的合作，实现资源共享，优势互补，以达到共同提高办学水平和办学效益的目的。

4. 划转：是指部委直属学校划转地方管理（如撤销的 9 部委直属中专、技工学校已划转为地方政府管理）；省（自治区、直辖市）业务部门所属学校划转教育行政部门管理或下一级政府管理等。

学校布局结构调整的形式，要因地制宜，各地还可结合各自实际情况，在有利于促进职业教育的发展，有利于职业教育适应经济和社会发展需要，有利于满足人民群众和用人单位对职 业教育的需求，有利于职业教育资源优化配置，提高教育质量和办学效益的前提下，大胆探索和实践。

四、组织实施

1. 这次学校布局结构的调整，应在教育部制定的统一原则下，条块结合，以块为主进行。各级政府要加强统筹和领导，教育行政部门要深入调查研究，在摸清中等职业教育资源的现状，明确了发展规划的基础上，提出中等职业学校布局结构调整的规划方案和实施办法，以及配套的政策措施，经政府决策后，组织实施。教育行政部门要充分听取行业部门、企事业单位等办学单位和有关学校的意见，做好协调工作，加强对企业、行业所属中等职业学校调整工作的业务指导。要积极探索办学体制改革的新路子，增强办学活力。

2. 在调整过程中，要坚持依法办事的原则，严格按照《教育法》、《职业教育法》、《社会力量办学条例》等有关法律的规定，依法保护各方面的权益。调整工作要保证现有中等职业教育资源不流失。学校调整后，原有通过财政等渠道投入的事业经费、基建投资等按原定标准核拨，并应逐年有所增加。调整后的学校应当做到产权明晰，各方面职责明确。

3. 中等职业学校布局结构调整，要根据当地经济发展和中等职业教育发展的实际，实行分区规划，分类指导。

在城市和经济发达地区要通过调整，将普通中专、成人中专、技工学校、职业高中中一些规模小、条件差、布局不合理的学校作适当的撤并，达到扩大规模、提高效益的目标。

在县（市）一级要尽快将教育部门、各有关部门举办的各类中等职业学校、成人中专等进行中等职业教育和培训的机构进行统一的规划调整，集中力量建设一到两所面向当地经济和社会 发展需要的，融职前、职后教育于一体，学历教育与职业培训相结合的中等职业教育办学实体，改变县（市）职业学校点多、规模小、效益低的状况。

对政府机构改革，职能转变过程中，需要划转的中等职业学校，要努力打破行业与地方、行业与行业之间的界限，淡化隶属关系，加强地方统筹，按照布局结构调整的总体规划要求，选择适当调整形式，但不能将学校层层下放。

4. 调整工作中要正确处理好几个关系：一是调整与发展的关系，布局结构调整的根本目的是促进中等职业教育健康协调地发展，包括规模的扩大，结构的优化，质量效益的提高，不能因调整而影响中等职业教育的发展。二是“块”与“条”的关系，调整工作以地方政府为主进行，但应充分保护、发挥行业部门的积极性，做到条块结合，共同促进职教发展。三是处理好调整与稳定的关系。调整工作既要态度积极，又要步子稳妥，可采取先易后难、先点后面的方式有计划、有步骤地推进，要保证学校教学和各项工作的正常秩序。四是处理好各类中等职业学校校名的关系，通过调整，淡化中专、职高、技工学校的界限，改变中等职业学校校名种类过多的状况，使校名进一步规范化。

教育部关于支持若干所高等学校建设网络教育学院开展现代远程教育试点工作的几点意见

教高厅〔2000〕10号

各省、直辖市、自治区教育厅(教委),有关高等学校:

为落实《面向21世纪教育振兴行动计划》,推动现代远程教育工程的进展,积极发展高等教育,教育部决定支持若干所高等学校建设网络教育学院,开展现代远程教育试点工作。为保证此项试点工作的顺利进行,特提出以下几点意见。

一、试点工作的主要任务

拟建设者网络教育学院的试点学校,应在校内开展网络教学工作的基础上,通过现代络,向社会性提供内容丰富的教育服务。网络教育学院的主要任务包括:

1. 开展学历教育。面向社会性招收学生,主要通过网络教学的方式来完成学历和学位教育的教学工作;面向全日制在校生,开设网络课程,取得单科学分,同时可实现校际之间的课程互选和学分承认。

2. 开展非学历教育。面向社会性开设继续教育课程,包括课程培训、岗位培训、证书考试和自学考试助学活动等,为社会性从业人员参加学习提供服务。

3. 探索网络教学模式。通过试点逐步建立起包括的课程体系、教学内容、教学方法、课件制作、自学、辅导、作业、实验和实践教学、网上测试、教学质量保障和监控等各个教学环节的网络教学模式,加强教学法过程的管理。

4. 探索网络教学法工作的管理机制。通过的试点逐步建立并完善包括招生、注册、收费、学籍管理、考试组织、学分认证、证书发放、毕业等于网络教学工作的管理的制度,建立起适应学习化社会需要的网络教学工作管理机制。

5. 网上资源建设者。加大经费投入,减少重复建设,协作开发丰富的高质量的网上教学资源、试题库及网上测试系统，保证网络教学工作的顺利进行；要依法保护知识产权，并建立起资源共享的形式和运行机制，形成网上教育资源建设的滚动发展机制，促进我国信息产业的发展。

二、试点学校的基本条件

网络教学工作是一项复杂的的系统工程，投入很大，涉及面广，技术性强，管理复杂。因此，建设网络教育学院，应具备以下条件：

1. 具有较强的综合实力。试点学校的办学水平和教学质量在社会性上享有良好的的声誉，在教学法改革中取得了突出成绩，已经建立了有效的校内教学质量保障与监控机制，具有较强的综合实力。

2. 能够归口管理。试点学校的网络教学工作要统筹规划，对网络资源和远程教育资源进行整合，并由网络教育学院归口管理。网络教育浣机构设置要合理，管理制度要健全。

3. 指导思想正确，实施方案可行。网络教育学院提出的办学指导思想要明确，教学方案要符合现代远程教育的发展趋势，教学质量保障体系和监控机制要切实可行。拟开展网络教学的专业其主要课程要能够在网上进行教学，培养规格和教学基本要求符合国家同层次同类专业的标准。

4. 软硬件条件符合要求。校园网络能够满足网络教学的需要，并且具有良好的前期工作基础，特别是网上教学资源建设的基础。校外教学支撑服务体系能够满足网络教学的基本要求，具备较强的网络教学和管理能力。

5. 经费和师资队伍。试点学校有足够的经费投入，有高水平的教师和管理队伍，有专职的教育技术和网络技术人员，能够承担网络教育学院的课程。

6. 社会需求旺盛。拟开展网络教学的专业或专业领域，试点学校在全国或本区域应具有优势地位，社会对此专业或专业领域的人才需求旺盛。

三、试点工作的管理方式

开展网络教学工作要充分发挥网络教学工作所具有的开放性、协作性和交互性，改革教学管理体制，探索并逐步形成适应网络教学工作和终身教育需要的教学管理体制。

1. 网络教育学院应该是由试点学校主要领导直接负责的学院，具有教学、技术管理与服务职能。负责制定本学院的网络资源建设规划并组织实施；开展学历和非学历的网络教学工作；负责校外教学服务体系的日常管理；为全校开展网络教学工作提供技术服务。

2. 网络教育学院可根据本校已经具备的学历学位授予权资格，与学校职能部门共同商定人才培养方案，开展研究生有关专业学位的教育，本科（包括主修专业、辅修专业、第二学士学位、转升本）、高支高专等层次的学历学位网络教学工作，有关学位授予和毕业资格审查应由学校职能部门负责。

3. 网络教育学院可根据社会需求，在本校已设置专业范围内选择开展网络教学的专业。社会急需的现行本科专业目录之外的新专业，由学校提交专业论证报告，报教育部备案后，先在本网络教育学院设置。

4. 网络教育学院可以通过国家统一的考试来录取学生，也可自行组织考试录取学生，招生形式和入学标准由试点学校自行规定。招生计划由试点学校根据网络教育学院的办学能力自行制定，根据校外教学点的条件确定招生地区，但应向西部地区倾斜。每年度的招生计划和实际招生情况由试点学校报教育部备案。

5. 网络教育学院应实行学分制。学历教育的学分有效期和修业年限由学校决定。对达到本、专科毕业要求的学生，颁发何种形式的毕业证书，由学校慎重研究后自行决定；学历证书由学校自行印制，并实行电子注册制度，注册办法另行规定；电子注册后，国家予以承认。

6. 对网络教育学院的学生，可按教育成本收费，其收费标准和办法由学校按国家有关规定报学校所在地收费管理部门批准后执行。网络教育学院不得以营利为目的。

7. 试点学校每年度在各地区的招生计划、实际招生情况和校外网络教学支撑服务机构，须报当地省、自治区、直辖市教育行政部门备案。

8. 教育部将聘请专家组成网络教学指导委员会，负责研究、咨询、指导各高等学校的网络教学工作，接受教育部的委托负责评估网络教育学院。参加网络教学试点工作的学校还应组织网络教学试点协作组，自行开展交流、协作等活动。

9. 本项试点期限为4~5年，每学年结束后，试点学校需及时向教育部上报年度工作进展情况；试点2年后，教育部将组织中期检查；试点期满后，教育部将对试点工作进行全面评估。在试点期间，对教学质量达不到国家要求的，将暂停试点的招生资格；对乱发文凭，或者以营利为目的者，教育部将依照有关法规给与严肃处理。

四、启动新世纪网络课程建设工程，实现资源共享，支持网络教学工作

教育部将启动新世纪网络课程建设工程，用《面向21世纪教育振兴行动计划》中“现代远程教育资源建设项目”的经费，重点支持若干所高等学校网络教育学院的网络课程建设和应用，并实现资源共享。

新世纪网络课程建设工程将在2年之内，重点规划建设200门左右基础性的网络课程，并实行项目管理，管理办法另行规定。具体项目将根据各试点学校提出的网络课程建设计划进行规划，然后公开申请，引进竞争机制，按照统一的技术规范和标准进行建设。以网络课程建设带动素材库的建设，以素材库的建设推动网络课程的建设。

新世纪网络课程建设工程所建设的网络课程，不仅要用于若干所高等学校网络教育学院的试点，而且还应用于校内和校际之间的网上选课以及学分的承认，特别要支持发达地区的高等学校和西部地区的高等学校通过网络教学进行对口支援，使全国各地的学生都能够共享先进的教学方法和丰富的教学资源，提高我国高等教育的整体质量和效益。

新世纪网络课程建设工程还包括开设网上讲座。教育部将统一规划和协调网上讲座，邀请著名学者进行人文素质讲座和科学技术讲座，并对所有的高等学校开放。

五、开展试点工作应注意的几个问题

1. 开展网络教学工作要转变教育思想和教育观念，建立新的教学模式。网络教育学院要树立以学生为本的思想，要以教师为主导，以学生为主体，充分体现网络教学所具有的开放性、协作性、交互性等特点，发挥网络教学的优势，探索网络，教学的各个教学环节，逐步形成有利于学生素质教育和创新能力培养的网络教学模式。

2. 网络教学是一种新的教学方法和教学手段，具有多种技术模式，如实时与显而易见实时、卫星网和互联网、交互和无交互等等，要加强对各种技术手段的研究。合理选择技术路线，综合利用多种媒体。要利用面授教育、函授教育、卫星电视教育等多种教育形式，作为网络教学的补充，弥补网络教学的不足，特别要解决好实验和实践环节的教学问题。

3. 开展试点的学校，首先 要搞好所有校内的网络教学和网上教学资源建设

工作，网络教学要与校内的传统教有相融合，推动传统的大学教育转变教学思想、改革教学方法。教学手段，建立起适应网络时代的教学模式。网络教学还要与卫星电视教育、函授教育、自学考试助学活动等传统远程教育相结合，推动传统远程教育的改革与发展。

4. 要大力加强对网络教学的研究与应用工作，处理好网络教学与传统面授的关系，理论教学与实践教学的关系，传授知识与素质教育的关系，并要体现到教学计划和教学方法中去。

5. 在开展网络教学工作的过程中，要树立资源共享的观念，积极保护知识产权，建立资源共享的形式和机制。不仅要共享网上教学资源，还应共享校外的教学支撑服务体系。例如，可以充分利用广播电视大学遍布全国的办学网点，建立起网络教育学院的校外教学支撑服务体系，将高等教育送到农村、边疆和不发达地区。又如，通过认证或收购建立全国共享的课件库，尽量减少学校自行建设课件的重复，保证国家投入的经费能够最大限度地发挥作用，产生最大限度的效益。

6. 高等学校开展网络教学工作，要加强国内外的交流与合作，充分把握现代远程教育的发展趋势。网络教学是一项新生事物，应该充分发挥教师和学生的创造性，解放思想，大胆探索，创造条件，跨越式发展。学校的职能部门要加强对网络教学的研究与管理，积极探索适应网络教学的管理模式，支持网络教学的试点，做好服务工作。试点学校和网络教育学院一定要把好教学质量关，积极稳妥地推动网络教学工作。试点学校及其校外网络教学支撑服务体系，必须加强网络信息安全的管理，按照国家有关网络安全和保密的规定，采取切实可靠的措施，保证网络教学工作的健康发展。

教育部支持若干所高等学校建设网络教育学院，开展现代远程教育试点工作，是国家推动高等教育改革和发展的重大举措。教育部将不断总结网络教学试点工作的经验，并根据试点情况调整有关的管理办法和运行机制，逐步形成规范、合理的管理制度。

经教育部先期批准开展现代远程教育试点工作的学校，需按照本意见调整、规范试点工作，执行统一的政策和规定。

教育部关于贯彻全国教育工作会议精神进一步改革和完善高等教育自学考试制度的意见

（2000 年 6 月 14 日，教考试〔2000〕5 号）

为进一步贯彻执行《中共中央国务院关于深化教育改革全面推进素质教育的决定》，继续完善高等教育自学考试制度，推进高等教育自学考试的改革与发展，现提出如下意见：

一、充分发挥自学考试制度的优势，促进终身学习体系的形成

高等教育自学考试是我国高等教育的重要组成部分，在近二十年的改革和发展中，初步形成了我国规模最大的社会化、开放式的教育形式，以学习方式灵活、费用少和考试严格赢得了良好的社会信誉，为一切愿意继续深造的公民提供了平等接受高等教育的机会。自学考试在以学历教育为主的同时，还根据需要积极发展非学历教育，考试种类日益增多，规模稳步发展，教育质量不断提高，已经成为满足人们终身接受教育，多渠道成才，不断提高职业能力和生活质量的重要途径，成为我国教育事业发展中不可缺少的一部分。

自学考试还在功能上不断扩展，通过对成人高校、民办高校进行的抽查、验收考试和学历认定考试，加强了国家对教育质量的管理，促进了开放式教育的健康发展。

21 世纪是学习的世纪，终身教育将成为未来社会发展中的重要趋势。《中共中央国务院关于深化教育改革全面推进素质教育的决定》要求，进一步“完善自学考试制度，形成社会化、开放式的教育网络，为适应多层次、多形式的教育需求开辟更为广阔的途径，逐渐完善终身学习体系”。在新的历史条件下，在我国学习化社会形成过程中，自学考试将发挥不可替代的特殊作用，为广开成才之路创造良好的条件。

但是，自学考试要充分发挥其特殊作用，还要进一步改革和完善。目前，自学考试的专业层次结构和考试类型尚不能适应社会多样化的需求；考试作为主要的评价手段，其科学性和标准化有待进一步提高；自学媒体形式单一；对自学考试育人规律的研究不够，对社会助学、个人自学等教育教学活动指导监督相对薄弱；考试管理方式和手段相对滞后；自学考试管理机构、队伍现状与事业发展严重不相适应；自学考试作为一种教育制度尚有许多深层次问题需要研究和解决，自学考试的特点、优势有待进一步发挥。各级教育行政部门和自学考试工作部门必须认真贯彻全教会精神，充分认识自学考试在我国教育事业中，尤其是学习化社会形成过程中的重要地位和作用，转变只注重传统学校教育的观念，转变自学考试不是教育形式的认识，必须将自学考试纳入教育发展规划，切实加强对自学考试工作的领导，研究自学考试长远发展中的问题，在政策、宣传、机构、队伍和经费投入等方面给予必要的保证，充分发挥自学考试的特点和国家考试的评价功能，促进社会化、开放式终身教育体系的形成，使自学考试为实施科教兴国战略和多种形式发展高等教育发挥更好的作用。

二、今后五年的工作目标和任务

今后五年的工作目标是：以全面提高教育质量、推进素质教育为宗旨，适应终身学习的需要，充分发挥自学考试的特点，深化改革，完善自学考试制度，提高教育质量，积极探索并扩大服务领域，为适应多层次、多形式的教育需求开辟更为广阔的途径。

为实现上述目标，必须做好以下几方面的工作：

1. 加强专业建设。1998 年，我部颁发了《高等教育自学考试专业目录与专业基本规范》，为全面提高高等教育自学考试的质量奠定了基础。各省、自治区、直辖市高等教育自学考试委员会（以下简称省级自学考试工作部门）和教育行政部门要按照教育部和全国考委的部署，积极稳步地完成专业调整工作。在调整过程中，要特别注重研究社会需求，充分体现自学考试的特点，根据社会需求和开考条件设置开考专业，要在原有特色的基础上，面向农村、行业、区域开设应用性、职业性的专业，重点培养在生产、管理、服务第一线工作的应用型人才。积极探索具有自学考试特色的人才培养模式，建立与社会紧密结合的人才培养机制。要在巩固发展专科的同时，有选择地积极发展本科，特别是独立本科段专业，以及开展中等专业教育自学考试。

2. 做好以课程内容改革为核心的自学媒体建设。自学媒体在自学考试教育形式中占有特殊重要地位，课程自学考试大纲、教材、自学指导资料和实践性教学设施等媒体是实现教育目标的必要手段和实施素质教育的重要内容。

全国考委要逐步建立自考媒体研究和建设基地，加大媒体建设力度。要按照专业调整和培养目标的要求，建设有自学考试特点的自学媒体。改变过分强调学科体系、脱离社会需求和考生实际的状况，克服理论偏多、偏难、偏深的倾向，注重实践性和应用性，要及时反映学科内容的新发展，利用多种形式和技术手段，开发文字、音像、多媒体学习资料，以及适合农村和基层考生使用的“学习包”、“实验车”等学习实验设备。要用多种形式开展助学活动，特别要注意利用现代信息技术，开发网络课程，开展网上助学，要逐步形成高质量、多形式、系统配套的自学媒体，为自学者提供多种助学形式，满足他们的不同选择。

自学媒体要实行主渠道供应。各级自学考试工作部门要把自学媒体的供应工作纳入自学考试工作职责，采取有力措施加强对征订供应工作的管理，配合有关部门，打击盗版，净化自学媒体“市场”，确保主渠道畅通，使每个考生能买到正版书，彻底解决考生购书难问题。

全国考委要按照专业调整的要求按时完成全国统考课程的考试大纲、教材等自学媒体的编写、出版和供应任务。各省级自学考试工作部门要通过多种途径抓好非全国统考课程的考试大纲和教材的建设，确保专业调整工作的顺利进行。

3. 改革考试内容和形式，加速考试管理标准化、信息化进程。自学考试不仅仅是对考生自学结果的检验，还有引导个人自学和社会助学的功能。全国考委要重视对命题和考试管理的研究，充分发挥考试的导向作用，引导学生全面掌握所学专业的基本知识、理论和技能；要根据培养目标的要求，改变在命题指导思想、考核内容、分数评定、主观题评卷等方面与培养创新精神和实践能力不相适应的现象，提高考试质量。

考试形式的改革要适应大规模、多次数考试的需要，分阶段对命题工作方式、题库建设、评分制度、考试组织形式进行规划、实施。从 2000 年开始，用三至五年的时间基本完成国家题库的建设；选择个别课程进行计算机考试的试验；加强对实践环节考核的研究，选择部分课程制定实验实习考核大纲，利用多种教育资源，建设稳定的实验实习基地，针对不同课程和学习对象，采取多种形式进行实践性学习内容的考核，弥补自学考试中实践性学习环节薄弱的缺陷。

要积极推进考试管理和组织方式的改革，加速自学考试的标准化、管理信息化进程。全国考委将用两年时间在全国推行自学考试信息管理系统，实现在统一的软件平台上分级管理，信息共享。要从自学考试长远改革发展需要出发，积极探讨规范化、现代化考试基地建设和职业化监考队伍建设，解决场所、设备、人员等必备条件。各级自学考试工作部门和教育行政部门要从实际出发，认真研究，大胆试验，创造经验，推进在新技术条件下考试组织方式的改革。

各级自学考试工作部门要高度重视考试管理，坚持“教考职责分离”的原则，进一步完善法规，依法治考，加大考风考纪管理力度，警钟长鸣，常抓不懈，保证这项国家考试的质量。

4. 加强对教育教学过程的指导监督。各级教育行政部门和自学考试工作部门要积极利用各种教育资源参与自学考试的教育活动。自学考试教育过程社会化的特点，要求加强对自学考试教育教学活动的指导和监督。各级教育行政部门和自学考试工作部门要认真贯彻《关于印发〈关于高等教育自学考试社会助学工作的意见〉的通知》(教考试〔1995〕8号)精神，指导各类教育机构和助学组织贯彻执行国家教育方针，遵循教育规律，按照自学考试的特点帮助考生完成教育过程。同时，要注意发挥作为非政府机构的行业协会的作用，使社会助学活动形成自我约束和评价的有效机制，促进自学考试教育健康发展。

各级自学考试管理机构和助学组织要根据自学考试的特点，通过多种形式和渠道加强对考生进行政治思想品德教育，将政治思想品德教育渗透到教育教学全过程，提高考生的思想道德素质。

教育行政部门要依靠各级人民政府，对自学考试毕业生进行就业指导、就业协助，为他们的就业和创业提供良好的政策环境。

5. 积极稳步推进自学考试面向农村的工作。“九五”期间，全国考委把面向农村发展作为战略重点，取得了显著成绩。大批自学考试毕业生活跃在县和县以下农村，有效地向农村输送了实用专门人才。一些地方自考毕业生已成为“科教兴农”、建设社会主义新农村的重要力量。各省级教育行政部门和自学考试工作部门要继续坚持做好自学考试面向农村的工作，加强政府统筹，制定鼓励扶持政策，将自学考试纳入农村教育发展规划，与农村综合改革结合；要研究农村的实际需要，开设一些有助于农民致富，有助于实现农村产业结构调整和农业产业化发展的专业；要转变观念，在坚持质量标准的前提下，打破一些固有的模式，在培养目标、培养规格、课程组合、考试内容、学习方式等方面更加贴近农村实际、贴近学习对象。

各级自学考试工作部门要深入研究农村考生学习中的困难，充分利用多种教育资源，切实解决助学辅导问题。要发挥地方政府统筹协调的作用，利用农村的各种教育资源和音像等现代教育技术，把辅导活动送到基层；要因地制宜推进农村乡镇自学考试服务站点和县助学中心的建立，为农村考生提供更有效的服务。

6. 大力发展非学历的证书考试。在办好自学考试学历教育的同时，应积极拓展非学历教育的证书考试。要总结与部门、行业合作开考的经验，发挥部门、行业的积极性，加强产学结合，使专业设置和课程内容符合行业的实际需要；要逐步实现自学考试学历教育与部门、行业结合的非学历的专业等级证书考试共同发展的格局，以适应社会各方面对继续教育和终身学习的需求。

7. 开展对各类开放教育的学历认定考试。随着办学体制和高等教育体系结构改革的不断深入，高等教育将更加开放和多样化。要认真研究作为国家考试的自学考试的检测评价功能，继续做好电大注册视听生考试及民办高等学校学历文凭考试工作。逐步建立适应开放教育所需要的质量评价体系，成为国家对开放教育进行质量管理的有效手段。

8. 加强检查和评估。检查、评估是现代教育管理和依法治教的重要手段。要进一步加强自学考试的法规建设，全国考委要以自学考试法规、政策、业务规范为依据，对各省级自学考试工作部门的工作进行检查和评估，作为教育决策、改进工作、考察干部、评选先进的重要依据，保证自学考试事业健康发展。

三、建设适应自学考试改革发展需要的工作机构和队伍

高效率的工作机构和高质量的工作队伍是实现自学考试改革发展目标和任务的组织保证。随着自学考试事业的发展，工作机构和工作队伍与事业发展不相适应的矛盾日益突出，严重影响自学考试的健康发展。各级教育行政部门要充分认识这一问题的重要性、紧迫性，采取有效措施加强自学考试工作机构的建设，充实必要的人员、设备配置，保证自学考试事业的健康发展。

1. 进一步健全自学考试工作机构。各级高等教育自学考试委员会是国务院《高等教育自学考试暂行条例》授权管理自学考试的机构，各地应根据《高等教育自学考试暂行条例》规定，及时充实、调整相关人员，定期研究自学考试工作，特别要把自学考试置于教育全局之中，研究其改革发展中的重大问题，解决其工作中的实际困难。

各级高等教育自学考试办公室是自学考试工作机构，承担着繁重而艰巨的工作任务，只能加强不能削弱，更不得随意撤销。其内设机构要适应国家考试制度和开放教育形式的要求。全国考办和各省、自治区、直辖市高等教育自学考试办

公室要加强对各地自学考试工作的检查和评估，凡是自学考试管理机构和工作机构不健全的地区不得组织考试。

承担主考任务的高等学校，要把自学考试工作作为学校工作的组成部分，作为面向社会多种形式办学的重要途径，列入学校工作任务。在机构调整改革中，自学考试办事机构不得削弱，要在保障基本编制的基础上根据考试规模和开考专业数配备足够数量具有相应学历层次的专业人员。从事、参加自学考试工作的教师要计算工作量。各地教育行政部门在核定所属学校编制时，要考虑学校承担自学考试工作的需要。

2. 加强人员培训，重视科研工作。要重视自学考试工作人员的思想教育和业务能力的提高，开展岗位培训，逐步作到持证上岗，对考核不合格人员应调整，自学考试工作人员要增强工作责任心和服务意识。要关心自学考试工作人员的生活和健康，采取措施保证工作人员的休整，改变长期疲劳、紧张的非正常工作状态。

要加强自考的科研工作，加强科研队伍建设，各级自考办要组织力量研究自学考试的特点和育人规律，指导自学考试的改革和发展；要支持教育研究机构加强对自学考试的研究，特别要重视对自考发展的长远研究，重视现代信息技术对自考未来发展影响的研究。

3. 加大经费投入，加强经费管理。自学考试的经常性运作经费主要来自考试收费，但一些基础性的建设仍需要依靠各级政府的投入。政府在加大经费投入的同时，并应在收费政策上给以支持。各级自学考试工作部门要加强经费管理，严格进行成本核算；地方自考部门对考试收费的使用要统筹兼顾各方面的需要，分配使用要科学合理，以发挥各方面的积极性。

北京市教育委员会关于进一步加强北京成人高等教育和继续教育管理提高教育质量的意见

京教高〔2008〕23号

各普通高等学校，独立设置成人高等学校：

改革开放以来，在党的教育方针指引下，北京成人高等教育和继续教育，紧密结合北京经济建设和社会发展需要，培养了大批应用型人才，对首都高等教育实现大众化和普及化，完善高等教育体系，促进经济发展和社会进步做出了积极贡献。

为全面贯彻党的十七大精神，深入学习实践科学发展观，更好的发挥成人高等教育和继续教育在北京学习型社会和创新型城市建设中的作用，根据教育部加强成人高等教育和继续教育管理的有关要求，结合北京实际，现就进一步加强北京成人高等教育和继续教育管理工作，提高教育质量提出如下意见：

一、以提高质量为核心　明确办学定位　促进成人高等教育和继续教育办学水平提高

1. 北京成人高等教育和继续教育要以建设中国特色社会主义理论为指导，深入落实科学发展观，全面贯彻党的教育方针，主动适应北京市建设学习型城市、构建终身教育体系的需要，深化改革，不断创新，以提高教育质量为核心，进一步加强管理，实现北京成人高等教育和继续教育的科学发展。

2. 北京成人高等教育和继续教育要根据首都城市功能定位的要求，紧密围绕北京率先建成现代终身教育体系的目标，为推动首都高等教育和继续教育的深入发展，培养经济建设和社会发展所需要的应用型人才，提升市民文明素质和城市文明程度，构建社会主义和谐社会的首善之区做出贡献。

3. 北京成人高等教育和继续教育要主动适应首都现代化、信息化发展要求和

建设首都国际化大都市对各类人才的需要，充分发挥首都高等教育机构集中、学科专业齐全和优质高等教育资源丰富的优势，进一步加快信息化建设，加强国际交流与合作，立足首都、服务全国，努力打造具有首都特色的成人高等教育和继续教育体系。

4. 北京各类高等学校要根据新形势和新要求，明确自身定位，强化质量意识，发挥各自特色，实现北京成人高等教育和继续教育的协调、有序发展。

普通高等学校要充分发挥在成人高等教育和继续教育工作中的骨干作用。在基本稳定学历教育规模、优化办学结构、提高教育质量的同时，积极探索继续教育发展的新思路，逐步实现普通高等学校的成人高等教育向以高层次为主的、多类型的继续教育转变。

独立设置成人高等学校以高等专科学历教育为基础，立足地区（社区），面向行业（系统）。不断提高办学水平，强化服务意识，充分发挥对本地区、本行业继续教育和社会文化生活教育的引领作用，为不同社会群体的教育需求提供多形式、多层次、多类型的教育咨询和服务。

现代远程教育和开放教育要紧密结合首都发展实际，充分利用现代信息技术，推动教育观念、教学技术和培养模式的变革，丰富和完善高等教育人才培养手段，逐步建设起具有首都特色、方便市民终身学习需要的现代远程教育服务体系。

二、进一步完善质量保障机制　促进成人高等教育和继续教育可持续发展

5. 为进一步提高成人高等教育和继续教育教学质量，决定将成人高等学历教育纳入“北京高等学校教学质量与教学改革工程”，按照“统筹规划、分类指导；优化结构、注重创新；内涵发展、突出特色；提高质量、服务社会”的原则，在遴选特色专业、精品课程、优秀教学团队和教学名师等建设项目时，将采用单独列项的方式先行在部分独立设置成人高等学校中试点，并不断完善。

6. 要进一步加强对成人高等教育和继续教育的规范办学管理，强化举办学校的办学主体地位。高等学校不得与非学历教育机构、低层次学历教育机构合作举办高等学历教育（现代远程教育试点高校在京举办的校外学习中心按《现代远程教育校外学习中心（点）暂行管理办法》的通知》（教高厅〔2003〕2号）执行）；不得以学校二级单位名义对外合作开展高等学历教育。进一步加强对现代远程教

育试点高等学校在京的校外学习中心、普通高等学校函授教育教学站（点）、广播电视大学系统开放教育校外办学机构的指导和管理。加大对各类合作办学过程、教学质量的监督管理力度，进一步规范各类学历教育招生行为。严格执行成人高等学历教育的审批程序和收费标准，坚持收费公示制度。市教委将对各类违法违规的办学行为依法严肃查处。

7. 完善北京成人高等教育和继续教育质量评估与监督机制。建立北京成人高等教育和继续教育教学质量年检年报制度，继续开展北京成人高等教育和继续教育的检查和评估，切实提高北京成人高等教育和继续教育的教学质量与管理水平。

8. 组建北京成人高等教育和继续教育指导委员会。为北京成人高等教育和继续教育加强管理，深化改革，提高质量提供咨询；对各高等学校开展成人高等教育和继续教育进行业务指导和评估；通过立项等方式开展成人高等教育和继续教育的理论及应用研究；发挥社会学术团体的作用，有计划地组织对成人高等教育和继续教育管理干部和教师的培训。

9. 充分发挥成人高等教育和继续教育的社会服务职能，面向社会、面向在职从业人员，提供直接有效的教育服务。鼓励各高等学校结合社会需求开展校企合作、产学结合。探索成人高等学历教育与各类高等教育和继续教育的沟通和衔接，积极推进应用型人才培养模式创新的试点工作。

三、明确责任　加强管理　切实把提高成人高等教育和继续教育质量各项工作落到实处

10. 高等学校要全面贯彻党的教育方针，严格执行国家和北京市有关成人高等教育和继续教育的各项政策。坚持成人高等教育和继续教育的公益性办学方向。坚持质量第一原则，正确处理规模与质量的关系。切实把提高人才培养质量放在学校成人高等教育和继续教育工作首位，建立有效的投入保障机制，加大教学投入，努力改善办学条件。

11. 高等学校党政主要领导是学校成人高等教育和继续教育工作的第一责任人，对本校成人高等教育和继续教育质量负责。高等学校要将成人高等教育和继续教育像普通本科、专科教育和研究生教育一样纳入学校整体规划和人才培养体系，及时发现并研究解决办学管理和教学工作中出现的矛盾和问题，确实保证学校教育质量的全面、持续提高。

12. 高等学校要按照教育部要求，理顺管理体制，明确成人高等教育和继续教育的归口管理机构和工作机制。建立并切实落实相应的归口管理制度，确实保证招生、收费、广告宣传及合作办学等重要工作的统一管理。

13. 高等学校要以成人高等学历教育参与“北京高等学校教学质量与教学改革工程”为契机，提高认识、加强建设、突出特色、强化管理、努力促进教育质量与管理水平的进一步提升。普通高等学校要制订具体方案，统筹安排，明确要求，创造条件，认真落实，把成人高等学历教育切实纳入学校“教学质量与教学改革工程”的建设与管理体系。

14. 高等学校要进一步转变教育观念，树立新的人才质量观，不断创新人才培养模式。要坚持以社会需求为导向，突出学校特色，充分体现在职从业人员的学习特点和需求，在保证教学秩序基础上，不断深化课程体系、教学内容、教学方法等方面的改革尝试，提高学生的自主学习能力、创新能力和从业能力；要进一步完善教学质量的评价标准和评价方法，加强对主要教学环节和教学过程的监管，建立起有效的教学质量保障机制；要贯彻以人为本的教育理念，高度重视学生的学习困难和学习效果，努力提高服务水平，进一步完善教学支持服务体系。

15. 高等学校要加强对成人高等教育和继续教育师资队伍的建设和管理。要将师德建设放在师资队伍建设的突出位置，不断提高教师的职业道德水平、业务素质和服务意识。普通高等学校要建立起有效的师资聘任与管理制度，加强对外聘教师的管理。独立设置成人高等学校要注重教师的实践经历，建立并完善教师的培养、考核和激励制度。

16. 各高等学校要充分认识新时期加强成人高等教育和继续教育管理、提高教育质量的重要意义和紧迫性。坚持以提高教育质量为核心，结合上述意见研究制定本校贯彻落实的具体措施并认真实施，切实加强管理，把提高教育质量的各项工作落到实处，达到全面提高成人高等教育和继续教育的人才培养质量和管理水平的目的，为首都经济社会发展做出新的贡献。

各高等学校要在2009年2月底前将本校制定的贯彻落实具体措施报我委高等教育处。我委将适时对落实情况进行检查。

二〇〇八年十一月二十日